DE LAMARTINE

GRAZIELLA

PARIS

L. HACHETTE et Cᶦᵉ, — FURNE et Cᶦᵉ, — PAGNERRE

ÉDITEURS

—

MDCCCLXII

GRAZIELLA

-ç—ç-

PARIS. TYPOGRAPHIE DE HENRI PLON.

8, RUE GARANCIÈRE.

-ç—ç-

A. DE LAMARTINE

GRAZIELLA

PARIS

PAGNERRE — FURNE ET Cie — L. HACHETTE ET Cie

LIBRAIRES-ÉDITEURS

MDCCCLXII

GRAZIELLA

CHAPITRE PREMIER.

I

A dix-huit ans, ma famille me confia aux soins d'une de mes parentes que des affaires appelaient en Toscane, où elle allait accompagnée de son mari. C'était une occasion de me faire voyager et de m'arracher à cette oisiveté dangereuse de la maison paternelle et des villes de province, où les premières passions de l'âme se corrompent faute d'activité. Je partis avec l'enthousiasme d'un enfant qui va voir se lever le rideau des plus splendides scènes de la nature et de la vie.

Les Alpes, dont je voyais de loin, depuis mon enfance, briller les neiges éternelles, à l'extrémité de l'horizon, du haut de la colline de Milly; la mer, dont les voyageurs et les poëtes avaient jeté dans mon esprit tant d'éclatantes images; le ciel italien, dont j'avais, pour ainsi dire, aspiré déjà la

1

chaleur et la sérénité dans les vers de Gœthe et dans les pages de *Corinne* :

Connais-tu cette terre, où les myrtes fleurissent?

les monuments encore debout de cette antiquité romaine, dont mes études toutes fraîches avaient rempli ma pensée; la liberté enfin, la distance qui jette un prestige sur les choses éloignées; les aventures, ces accidents certains des longs voyages, que l'imagination jeune prévoit, combine à plaisir et savoure d'avance; le changement de langue, de visages, de mœurs, qui semble initier l'intelligence à un monde nouveau, tout cela fascinait mon esprit. Je vécus dans un état constant d'ivresse pendant les longs jours d'attente qui précédèrent le départ. Ce délire, renouvelé chaque jour par les magnificences de la nature en Savoie, en Suisse, sur le lac de Genève, sur les glaciers du Simplon, au lac de Côme, à Milan et à Florence, ne retomba qu'à mon retour.

Les affaires qui avaient conduit ma compagne de voyage à Livourne se prolongeant indéfiniment, on parla de me ramener en France sans avoir vu Rome et Naples. C'était m'arracher mon rêve au moment où j'allais le saisir. Je me révoltai intérieurement contre une pareille idée. J'écrivis à mon père pour lui demander l'autorisation de continuer seul mon voyage en Italie, et sans attendre la ré=

ponse, que je n'espérais guère favorable, je résolus de prévenir la désobéissance par le fait. « Si la défense arrive, me disais-je, elle arrivera trop tard. Je serai réprimandé, mais je serai pardonné ; je reviendrai, mais j'aurai vu. » Je fis la revue de mes finances très-restreintes ; mais je calculai que j'avais un parent de ma mère établi à Naples, et qu'il ne me refuserait pas quelque argent pour le retour. Je partis, une belle nuit, de Livourne par le courrier de Rome.

J'y passai l'hiver seul dans une petite chambre d'une rue obscure qui débouche sur la place d'Espagne, chez un peintre romain qui me prit en pension dans sa famille. Ma figure, ma jeunesse, mon enthousiasme, mon isolement au milieu d'un pays inconnu, avaient intéressé un de mes compagnons de voyage dans la route de Florence à Rome. Il s'était lié d'une amitié soudaine avec moi. C'était un beau jeune homme à peu près de mon âge. Il paraissait être le fils ou le neveu du fameux chanteur David, alors le premier ténor des théâtres d'Italie. David voyageait aussi avec nous. C'était un homme d'un âge déjà avancé. Il allait chanter pour la dernière fois sur le théâtre Saint-Charles à Naples.

David me traitait en père, et son jeune compagnon me comblait de prévenances et de bonté. Je répondais à ses avances avec l'abandon et la naï-

veté de mon âge. Nous n'étions pas encore arrivés
à Rome, que le beau voyageur et moi nous étions
déjà inséparables. Le courrier, dans ce temps-là,
ne mettait pas moins de trois jours pour aller de
Florence à Rome. Dans les auberges, mon nouvel
ami était mon interprète; à table, il me servait le
premier; dans la voiture, il me ménageait à côté
de lui la meilleure place, et si je m'endormais,
j'étais sûr que ma tête aurait son épaule pour
oreiller.

Quand je descendais de voiture, aux longues
montées des collines de la Toscane ou de la Sabine,
il descendait avec moi, m'expliquait le pays, me
nommait les villes, m'indiquait les monuments. Il
cueillait même de belles fleurs et achetait de belles
figues et de beaux raisins sur la route; il remplis-
sait de ces fruits mes mains et mon chapeau. David
semblait voir avec plaisir l'affection de son compagnon de voyage pour le jeune étranger. Ils se sou-
riaient quelquefois en me regardant d'un air d'intelligence, de finesse et de bonté.

Arrivés à Rome la nuit, je descendis tout naturellement dans la même auberge qu'eux. On me
conduisit dans ma chambre; je ne me réveillai qu'à
la voix de mon jeune ami, qui frappait à ma porte
et qui m'invitait à déjeuner. Je m'habillai à la hâte
et je descendis dans la salle, où les voyageurs étaient
réunis. J'allai serrer la main de mon compagnon

de voyage et je le cherchais en vain parmi les con-
vives, quand un rire général éclata sur tous les visages. Au lieu d'un fils ou d'un neveu de David, j'aperçus à côté de lui une charmante figure de jeune fille
romaine, élégamment vêtue, et dont les cheveux
noirs, tressés en bandeaux autour du front, étaient
rattachés derrière par deux longues épingles d'or
à tête de perles, comme les portent encore les
paysannes de Tivoli. C'était mon ami, qui avait repris, en arrivant à Rome, son costume et son sexe.

J'aurais dû m'en douter à la tendresse de son
regard et à la grâce de son sourire; mais je n'avais
eu aucun soupçon. « L'habit ne change pas le
cœur, me dit en rougissant la belle Romaine; seulement vous ne dormirez plus sur mon épaule; et,
au lieu de recevoir de moi des fleurs, c'est vous
qui m'en donnerez. Cette aventure vous apprendra
à ne pas vous fier aux apparences d'amitié qu'on
aura pour vous plus tard : cela pourrait bien être
autre chose. »

La jeune fille était une cantatrice, élève et favo-
rite de David. Le vieux chanteur la conduisait partout avec lui; il l'habillait en homme pour éviter
les commentaires sur la route. Il la traitait en
père plus qu'en protecteur, et n'était nullement
jaloux des douces et innocentes familiarités qu'il
avait laissées lui-même s'établir entre nous.

II

David et son élève passèrent quelques semaines à
Rome. Le lendemain de notre arrivée, elle reprit
ses habits d'homme et me conduisit d'abord à Saint-
Pierre, puis au Colisée, à Frascati, à Tivoli, à Albano ; j'évitai ainsi les fatigantes redites de ces dé-
monstrateurs gagés qui dissèquent aux voyageurs
le cadavre de Rome, et qui, en jetant leur monotone litanie de noms propres et de dates à travers
vos impressions, obsèdent la pensée et déroutent
le sentiment des belles choses. La Camilla n'était
pas savante ; mais, née à Rome, elle savait d'instinct les beaux sites et les grands aspects dont
elle avait été frappée dans son enfance.

Elle me conduisait sans y penser aux meilleures
places et aux meilleures heures, pour contempler
les restes de la ville antique : le matin, sous les
pins aux larges dômes du monte Pincio ; le soir,
sous les grandes ombres des colonnades de Saint-
Pierre ; au clair de lune, dans l'enceinte muette
du Colisée ; par de belles journées d'automne, à
Albano, à Frascati et au temple de la Sibylle, tout
retentissant et tout ruisselant de la fumée des cas-
cades de Tivoli. Elle était gaie et folâtre comme
une statue de l'éternelle Jeunesse, au milieu de ces
vestiges du temps et de la mort. Elle dansait sur

la tombe de Cécilia Métella, et, pendant que je
rêvais assis sur une pierre, elle faisait résonner
des éclats de sa voix de théâtre les voûtes sinistres
du palais de Dioclétien.

Le soir, nous revenions à la ville, notre voiture
remplie de fleurs et de débris de statues, rejoindre
le vieux David, que ses affaires retenaient à Rome,
et qui nous menait finir la journée dans sa loge au
théâtre. La cantatrice, plus âgée que moi de quelques années, ne me témoignait pas d'autres sentiments que ceux d'une amitié un peu tendre. J'étais
trop timide pour en témoigner d'autres moi-même ;
je ne les ressentais même pas, malgré ma jeunesse
et sa beauté. Son costume d'homme, sa familiarité
toute virile, le son mâle de sa voix de contralto et
la liberté de ses manières me faisaient une telle
impression, que je ne voyais en elle qu'un beau
jeune homme, qu'un camarade et un ami.

III

Quand Camilla fut partie, je restai absolument
seul à Rome, sans aucune autre connaissance que
les sites, les monuments et les ruines où la Camilla
m'avait introduit. Le vieux peintre chez lequel j'é-
tais logé ne sortait jamais de son atelier que pour
aller le dimanche à la messe avec sa femme et sa
fille, jeune personne de seize ans, aussi laborieuse

que lui. Leur maison était une espèce de couvent où le travail de l'artiste n'était interrompu que par un frugal repas et par la prière.

Le soir, quand les dernières lueurs du soleil s'éteignaient sur les fenêtres de la chambre du pauvre peintre, et que les cloches des monastères voisins sonnaient l'*Ave Maria,* cet adieu harmonieux du jour en Italie, le seul délassement de la famille était de dire ensemble le chapelet et de psalmodier à demi le chant des litanies jusqu'à ce que les voix, affaissées par le sommeil, s'éteignissent dans un vague et monotone murmure, semblable à celui du flot qui s'apaise sur une plâge où le vent tombe avec la nuit.

J'aimais cette scène calme et pieuse du soir, où finissait une journée de travail par cet hymne de trois âmes s'élevant au ciel pour se reposer du jour. Cela me reportait au souvenir de la maison paternelle, où notre mère nous réunissait aussi, le soir, pour prier, tantôt dans sa chambre, tantôt dans les allées de sable du petit jardin de Milly, aux dernières heures du crépuscule. En retrouvant les mêmes habitudes, les mêmes actes, la même religion, je me sentais presque sous le toit paternel dans cette maison inconnue. Je n'ai jamais vu de vie plus recueillie, plus solitaire, plus laborieuse et plus sanctifiée que celle de la maison du peintre romain.

Le peintre avait un frère. Ce frère ne demeurait pas avec lui. Il enseignait la langue italienne aux étrangers de distinction qui passaient les hivers à Rome. C'était plus qu'un professeur de langues, c'était un lettré romain du premier mérite. Jeune encore, d'une figure superbe, d'un caractère antique, il avait figuré avec éclat dans les tentatives de révolution que les républicains romains avaient faites pour ressusciter la liberté dans leur pays. Il était un des tribuns du peuple, un des Rienzi de l'époque. Dans cette courte résurrection de Rome antique, suscitée par les Français, étouffée par Mack et par les Napolitains, il avait joué un des premiers rôles ; il avait harangué le peuple au Capitole, arboré le drapeau de l'indépendance et occupé un des premiers postes de la république. Poursuivi, persécuté, emprisonné au moment de la réaction, il n'avait dû son salut qu'à l'arrivée des Français, qui avaient sauvé les républicains, mais qui avaient confisqué la république.

Ce Romain adorait la France libre et civique. Il abhorrait le despotisme, et, tout jeune encore, j'avais les mêmes sentiments. Cette conformité d'idées ne tarda pas à se révéler entre nous. En voyant avec quel enthousiasme à la fois juvénile et antique je vibrais aux accents de liberté quand nous lisions ensemble les vers incendiaires du poëte Monti ou les scènes républicaines d'Alfieri, il vit qu'il pou-

vait s'ouvrir à moi, et je devins moins son élève
que son ami.

IV

La preuve que la liberté est l'idéal divin de
l'homme, c'est qu'elle est le premier rêve de la
jeunesse, et qu'elle ne s'évanouit dans notre âme
que quand le cœur se flétrit et que l'esprit s'avilit
et se décourage. Il n'y a pas une âme de vingt ans
qui ne soit républicaine. Il n'y a pas un cœur usé
qui ne soit servile.

Combien de fois mon maître et moi n'allâmes-
nous pas nous asseoir sur la colline de la villa Pan-
fili, d'où l'on voit Rome, ses dômes, ses ruines,
son Tibre, qui rampe souillé, silencieux, honteux,
sous les arches du *ponte Rotto,* d'où l'on entend le
murmure plaintif de ses fontaines et les pas
presque muets de son peuple marchant en silence
dans ses rues désertes! Combien de fois ne versâ-
mes-nous pas des larmes amères sur le sort de ce
monde livré à toutes les tyrannies, où la philosophie et la liberté n'avaient semblé vouloir renaître
un moment en France et en Italie que pour être
souillées, trahies ou opprimées partout!

V

Ce fut sous l'empire de ces impressions que j'é-
tudiai Rome, son histoire et ses monuments. Je

sortais le matin, seul, avant que le mouvement de
la ville pût distraire la pensée du contemplateur.
J'emportais sous mon bras les historiens, les poëtes,
les descripteurs de Rome. J'allais m'asseoir ou errer sur les ruines désertes du Forum, du Colisée,
de la campagne romaine. Je regardais, je lisais, je
pensais tour à tour. Je faisais de Rome une étude
sérieuse, mais une étude en action. Ce fut mon
meilleur cours d'histoire. L'antiquité, au lieu d'être
un ennui, devint pour moi un sentiment. Je ne
suivais dans cette étude d'autre plan que mon penchant. J'allais au hasard où mes pas me portaient.
Je passais de Rome antique à Rome moderne, du
Panthéon au palais de Léon X, de la maison d'Ho-
race à Tibur à la maison de Raphaël. Poëtes, pein-
tres, historiens, grands hommes, tout passait
confusément devant moi; je n'arrêtais un moment
que ceux qui m'intéressaient davantage ce jour-là.

Vers onze heures, je rentrais dans ma petite
cellule de la maison du peintre, pour déjeuner. Je
mangeais, sur ma table de travail et tout en lisant,
un morceau de pain et de fromage. Je buvais une
tasse de lait; puis je travaillais, je notais, j'écrivais
jusqu'à l'heure du dîner. La femme et la fille de
mon hôte le préparaient elles-mêmes pour nous.
Après le repas je repartais pour d'autres courses et
je ne rentrais qu'à la nuit close. Quelques heures
de conversation avec la famille du peintre et des

lectures prolongées longtemps dans la nuit ache-
vaient ces paisibles journées. Je ne sentais aucun
besoin de société. Je jouissais même de mon isolement. Rome et mon âme me suffisaient. Je passai
ainsi tout un long hiver, depuis le mois d'octobre
jusqu'au mois d'avril suivant, sans un jour de lassitude ou d'ennui. C'est au souvenir de ces impressions que, dix ans après, j'écrivis des vers sur
Tibur.

VI

Maintenant, quand je recherche bien dans ma
pensée toutes mes impressions de Rome, je n'en
trouve que deux qui effacent, ou qui du moins
dominent toutes les autres : le Colisée, cet ouvrage
du peuple romain ; Saint-Pierre, ce chef-d'œuvre
du catholicisme. Le Colisée est la trace gigantesque
d'un peuple surhumain, qui élevait pour son orgueil et ses plaisirs féroces des monuments capa-
bles de contenir toute une nation, monuments riva-
lisant par la masse et par la durée avec les œuvres
mêmes de la nature. Le Tibre aura tari dans ses
rives de bouc, que le Colisée le dominera encore.

Saint-Pierre est l'œuvre d'une pensée, d'une religion, de l'humanité tout entière à une époque du
monde ! Ce n'est plus là un édifice à contenir un
vil peuple : c'est un temple destiné à contenir toute
la philosophie, toutes les prières, toute la gran-

deur, toute la pensée de l'homme. Les murs semblent s'élever et s'agrandir, non plus à la proportion d'un peuple, mais à la proportion de Dieu. Michel-Ange seul a compris le catholicisme et lui a donné dans Saint-Pierre sa plus sublime et sa plus complète expression. Saint-Pierre est véritablement l'apothéose en pierres, la transfiguration monumentale de la religion du Christ.

Les architectes des cathédrales gothiques étaient des barbares sublimes. Michel-Ange seul a été un philosophe dans sa conception. Saint-Pierre, c'est le christianisme philosophique d'où l'architecte divin chasse les ténèbres, et où il fait entrer l'espace, la beauté, la symétrie, la lumière à flots intarissables. La beauté incomparable de Saint-Pierre de Rome, c'est que c'est un temple qui ne semble destiné qu'à revêtir l'idée de Dieu de toute sa splendeur.

Le christianisme périrait, que Saint-Pierre resterait encore le temple universel, éternel, rationnel, de la religion quelconque qui succéderait au culte du Christ, pourvu que cette religion fût digne de l'humanité et de Dieu! C'est le temple le plus abstrait que jamais le génie humain, inspiré d'une idée divine, ait construit ici-bas. Quand on y entre, on ne sait pas si l'on entre dans un temple antique ou dans un temple moderne; aucun détail n'offusque l'œil, aucun symbole ne distrait la pensée; les hommes de tous les cultes y entrent avec le même respect. On sent que c'est un temple qui ne peut être habité que par l'idée de Dieu, et que toute autre idée ne remplirait pas.

Changez le prêtre, ôtez l'autel, détachez les tableaux, emportez les statues, rien n'est changé, c'est toujours la maison de Dieu! ou plutôt, Saint-Pierre est à lui seul un grand symbole de ce christianisme éternel, qui, possédant en germe dans sa morale et dans sa sainteté les développements successifs de la pensée religieuse de tous les siècles et de tous les hommes, s'ouvre à la raison à mesure que Dieu la fait luire, communique avec Dieu dans la lumière, s'élargit et s'élève aux proportions de l'esprit humain, grandissant sans cesse et recueillant tous les peuples dans l'unité d'adoration, fait de toutes les formes divines un seul Dieu, de toutes les lois un seul culte, et de tous les peuples une seule humanité.

Michel-Ange est le Moïse du catholicisme monumental, tel qu'il sera un jour compris. Il a fait l'arche impérissable des temps futurs, le Panthéon de la raison divinisée.

VII

Enfin, après m'être assouvi de Rome, je voulus voir Naples. C'est le tombeau de Virgile et le berceau du Tasse qui m'y attiraient surtout. Les pays

ont toujours été pour moi des hommes. Naples,
c'est Virgile et le Tasse. Il me semblait qu'ils
avaient vécu hier et que leur cendre était encore
tiède. Je voyais d'avance le Pausilippe et Sorrente,
le Vésuve et la mer, à travers l'atmosphère de leurs
beaux et tendres génies.

Je partis pour Naples vers les derniers jours de
mars. Je voyageais en chaise de poste avec un négociant français qui avait cherché un compagnon
de route pour alléger les frais de voyage. A quelque distance de Velletri, nous rencontrâmes la
voiture du courrier de Rome à Naples renversée
sur les bords du chemin et criblée de balles. Le
courrier, un postillon et deux chevaux avaient été
tués. On venait d'emporter les hommes dans une
masure voisine. Les dépêches déchirées et les lambeaux de lettres flottaient au vent. Les brigands
avaient repris la route des Abruzzes. Des détache-
ments de cavalerie et d'infanterie française, dont
les corps étaient campés à Terracine, les poursui-
vaient parmi les rochers. On entendait le feu des
tirailleurs, et on voyait sur tout le flanc de la
montagne les petites fumées des coups de fusil. De
distance en distance, nous rencontrions des postes
de troupes françaises et napolitaines échelonnés
sur la route. C'est ainsi qu'on entrait alors dans
le royaume de Naples.

Ce brigandage avait un caractère politique.

Murat régnait. Les Calabres résistaient encore ; le roi Ferdinand, retiré en Sicile, soutenait de ses subsides les chefs de guérillas dans les montagnes. Le fameux *Fra Diavolo* combattait à la tête de ces bandes. Leurs exploits étaient des assassinats. Nous ne trouvâmes l'ordre et la sécurité qu'aux environs de Naples.

J'y arrivai le 1ᵉʳ avril. J'y fus rejoint quelques jours plus tard par un jeune homme de mon âge, avec qui je m'étais lié au collége d'une amitié vraiment fraternelle. Il s'appelait Aymond de Virieu. Sa vie et la mienne ont été tellement mêlées depuis sa naissance jusqu'à sa mort, que nos deux existences font comme partie l'une de l'autre, et que j'ai parlé de lui presque partout où j'ai eu à parler de moi. . . . .

ÉPISODE.

I

Je menais à Naples à peu près la même vie con-
templative qu'à Rome chez le vieux peintre de la
place d'Espagne ; seulement, au lieu de passer mes
journées à errer parmi les débris de l'antiquité, je
les passais à errer ou sur les bords ou sur les flots
du golfe de Naples. Je revenais le soir au vieux
couvent où, grâce à l'hospitalité du parent de ma
mère, j'habitais une petite cellule qui touchait aux
toits, et dont le balcon, festonné de pots de fleurs
et de plantes grimpantes, ouvrait sur la mer, sur
le Vésuve, sur Castellamare et sur Sorrente.

Quand l'horizon du matin était limpide, je voyais
briller la maison blanche du Tasse, suspendue
comme un nid de cygne au sommet d'une falaise
de rocher jaune coupé à pic par les flots. Cette vue
me ravissait. La lueur de cette maison brillait
jusqu'au fond de mon âme. C'était comme un
éclair de gloire qui étincelait de loin sur ma jeunesse et dans mon obscurité. Je me souvenais de
cette scène homérique de la vie de ce grand homme,
quand, sorti de prison, poursuivi par l'envie des
petits et par la calomnie des grands, bafoué jusque
dans son génie, sa seule richesse, il revint à Sor-

rente chercher un peu de repos, de tendresse ou
de pitié, et que, déguisé en mendiant, il se présente à sa sœur pour tenter son cœur et voir si elle,
au moins, reconnaîtra celui qu'elle a tant aimé.

« Elle le reconnaît à l'instant, dit le biographe
naïf, malgré sa pâleur maladive, sa barbe blan-
chissante et son manteau déchiré. Elle se jette
dans ses bras avec plus de tendresse et de miséri-
corde que si elle eût reconnu son frère sous les
habits d'or des courtisans de Ferrare. Sa voix est
étouffée longtemps par les sanglots ; elle presse
son frère contre son cœur. Elle lui lave les pieds,
elle lui fait préparer un repas de fête. Mais ni l'un
ni l'autre ne purent toucher aux mets qu'on avait
servis ; tant leurs cœurs étaient pleins de larmes ;
et ils passèrent le jour à pleurer, sans se rien
dire, en regardant la mer et en se souvenant de
leur enfance. »

II

Un jour, c'était au commencement de l'été, au
moment où le golfe de Naples, bordé de ses collines, de ses maisons blanches, de ses rochers ta-
pissés de vignes grimpantes et entourant sa mer
plus bleue que son ciel, ressemble à une coupe de
vert antique qui blanchit d'écume, et dont le lierre
et le pampre festonnent les anses et les bords ;

c'était la saison où les pêcheurs du Pausilippe, qui
suspendent leur cabane à ses rochers et qui éten-
dent leurs filets sur ses petites plages de sable fin,
s'éloignent de la terre avec confiance et vont pêcher la nuit à deux ou trois lieues en mer, jusque
sous les falaises de Capri, de Procida, d'Ischia, et
au milieu du golfe de Gaëte.

Quelques-uns portent avec eux des torches de
résine, qu'ils allument pour tromper le poisson.
Le poisson monte à la lueur, croyant que c'est le
crépuscule du jour. Un enfant, accroupi sur la
proue de la barque, penche en silence la torche
inclinée sur la vague, pendant que le pêcheur,
plongeant de l'œil au fond de l'eau, cherche à
apercevoir sa proie et à l'envelopper de son filet.
Ces feux, rouges comme des foyers de fournaise,
se reflètent en longs sillons ondoyants sur la nappe
de la mer, comme de longues traînées de lueurs
qu'y projette le globe de la lune. L'ondoiement des
vagues les fait osciller et en prolonge l'éblouisse-
ment de lame en lame, aussi loin que la première
vague la reflète aux vagues qui la suivent.

III

Nous passions souvent, mon ami et moi, des
heures entières, assis sur un écueil ou sur les
ruines humides du palais de la reine Jeanne, à

regarder ces lueurs fantastiques et à envier la vie
errante et insouciante de ces pauvres pêcheurs.

Quelques mois de séjour à Naples, la fréquen-
tation habituelle des hommes du peuple pendant
nos courses de tous les jours dans la campagne et
sur la mer, nous avaient familiarisés avec leur langue accentuée et sonore, où le geste et le regard
tiennent plus de place que le mot. Philosophes par
pressentiment et fatigués des agitations vaines de
la vie avant de les avoir connues, nous portions
souvent envie à ces heureux lazzaroni dont la plage
et les quais de Naples étaient alors couverts, qui
passaient leurs jours à l'ombre de leur petite barque sur le sable, à entendre les vers improvisés de
leurs poëtes ambulants, et à danser la *tarenta* avec
les jeunes filles de leur caste, le soir, sous quelque
treille au bord de la mer. Nous connaissions leurs
habitudes, leur caractère et leurs mœurs, beaucoup mieux que celles du monde élégant, où nous
n'allions jamais. Cette vie nous plaisait et endor-
mait en nous ces mouvements fiévreux de l'âme,
qui usent inutilement l'imagination des jeunes
hommes avant l'heure où leur destinée les appelle
à agir ou à penser.

Mon ami avait vingt ans, j'en avais dix-huit;
nous étions donc tous deux à cet âge où il est
permis de confondre les rêves avec les réalités.
Nous résolûmes de lier connaissance avec ces pê-

cheurs et de nous embarquer avec eux pour mener quelques jours la même vie. Ces nuits tièdes et lumineuses passées sous la voile, dans ce berceau ondoyant des lames et sous le ciel profond et étoilé, nous semblaient une des plus mystérieuses voluptés de la nature, qu'il fallait surprendre et connaître, ne fût-ce que pour la raconter.

Libres et sans avoir de compte à rendre de nos actions et de nos absences à personne, le lendemain nous exécutâmes ce que nous avions rêvé. En parcourant la plage de la Margellina, qui s'étend sous le tombeau de Virgile au pied du mont Pausilippe, et où les pêcheurs de Naples tirent leurs barques sur le sable et raccommodent leurs filets, nous vîmes un vieillard encore robuste. Il embarquait ses ustensiles de pêche dans son caïque peint de couleurs éclatantes et surmonté à la poupe d'une petite image sculptée de saint François. Un enfant de douze ans, son seul rameur, apportait en ce moment dans la barque deux pains, un fromage de buffle dur, luisant et doré comme les cailloux de la plage, quelques figues et une cruche de terre qui contenait de l'eau.

La figure du vieillard et celle de l'enfant nous attirèrent. Nous liâmes conversation. Le pêcheur se prit à sourire quand nous lui proposâmes de nous recevoir pour rameurs et de nous mener en mer avec lui. « Vous n'avez pas les mains calleuses qu'il faut pour toucher le manche de la rame, nous dit-il. Vos mains blanches sont faites pour toucher des plumes et non du bois : ce serait dommage de les durcir à la mer.

— Nous sommes jeunes, répondit mon ami, et nous voulons essayer tous les métiers avant d'en choisir un. Le vôtre nous plaît, parce qu'il se fait sur la mer et sous le ciel.

— Vous avez raison, répliqua le vieux batelier. C'est un métier qui rend le cœur content et l'esprit confiant dans la protection des saints. Le pêcheur est sous la garde immédiate du ciel. L'homme ne sait pas d'où viennent le vent et la vague. Le rabot et la lime sont dans la main de l'ouvrier, la richesse ou la faveur sont dans la main du roi; mais la barque est dans la main de Dieu. »

Cette pieuse philosophie du *barcarole* nous attacha davantage à l'idée de nous embarquer avec lui. Après une longue résistance, il y consentit. Nous convînmes de lui donner chacun deux carlins par jour pour lui payer notre apprentissage et notre nourriture.

Ces conventions faites, il envoya l'enfant chercher à la Margellina un surcroît de provisions de pain, de vin, de fromages secs et de fruits. A la tombée du jour, nous l'aidâmes à mettre sa barque à flot, et nous partîmes.

IV

La première nuit fut délicieuse. La mer était calme comme un lac encaissé dans les montagnes de la Suisse. A mesure que nous nous éloignions du rivage, nous voyions les langues de feu des fenêtres du palais et des quais de Naples s'ensevelir sous la ligne sombre de l'horizon. Les phares seuls nous montraient la côte. Ils pâlissaient devant la légère colonne de feu qui s'élançait du cratère du Vésuve. Pendant que le pêcheur jetait et tirait le filet, et que l'enfant, à moitié endormi, laissait vaciller sa torche, nous donnions de temps en temps une faible impulsion à la barque, et nous écoutions avec ravissement les gouttes sonores de l'eau qui ruisselaient de nos rames tomber harmonieusement dans la mer comme des perles dans un bassin d'argent.

Nous avions doublé depuis longtemps la pointe du Pausilippe, traversé le golfe de Pouzzoles, celui de Baïa, et franchi le canal du golfe de Gaëte, entre le cap Misène et l'île de Procida. Nous étions en pleine mer; le sommeil nous gagnait. Nous nous couchâmes sous nos bancs, à côté de l'enfant.

Le pêcheur étendit sur nous la lourde voile pliée au fond de la barque. Nous nous endormîmes ainsi entre deux lames, bercés par le balancement insensible d'une mer qui faisait à peine incliner le mât. Quand nous nous réveillâmes, il était grand jour.

Un soleil étincelant moirait la mer de rubans de feu et se réverbérait sur les maisons blanches d'une côte inconnue. Une légère brise, qui venait de cette terre, faisait palpiter la voile sur nos têtes et nous poussait d'anse en anse et de rocher en rocher. C'était la côte dentelée et à pic de la charmante île d'Ischia, que je devais tant habiter et tant aimer plus tard. Elle m'apparaissait, pour la première fois, nageant dans la lumière, sortant de la mer, se perdant dans le bleu du ciel, et éclose comme d'un rêve de poëte pendant le léger sommeil d'une nuit d'été.

V

L'île d'Ischia, qui sépare le golfe de Gaëte du golfe de Naples, et qu'un étroit canal sépare elle-même de l'île de Procida, n'est qu'une seule montagne à pic, dont la cime blanche et foudroyée plonge ses dents ébréchées dans le ciel. Ses flancs abrupts, creusés de vallons, de ravines, de lits de torrents, sont revêtus du haut en bas de châtaigniers d'un vert sombre. Ses plateaux les plus rapprochés de la mer et inclinés sur les flots portent des chaumières, des villas rustiques et des villages à moitié cachés sous les treilles de vigne. Chacun de ces villages a sa *marine*. On appelle ainsi le port où flottent les barques des pêcheurs de l'île et où se balancent quelques mâts de navires à voile latine. Les vergues touchent aux arbres et aux vignes de la côte.

Il n'y a pas une de ces maisons, suspendue aux pentes de la montagne, cachée au fond de ces ravins, pyramidant sur un de ces plateaux, projetée sur un de ses ceps, adossée à son bois de châtaigniers, ombragée par son groupe de pins, entourée de ses arcades blanches et festonnée de ses treilles pendantes, qui ne fût en songe la demeure idéale d'un poëte ou d'un amant.

Nos yeux ne se lassaient pas de ce spectacle. La côte abondait en poissons. Le pêcheur avait fait une bonne nuit. Nous abordâmes à une des petites anses de l'île pour puiser de l'eau à une source voisine et pour nous reposer sous les rochers. Au soleil baissant, nous revînmes à Naples, couchés sur nos bancs de rameurs. Une voile carrée, placée en travers d'un petit mât sur la proue, dont l'enfant tenait l'écoute, suffisait pour nous faire longer les falaises de Procida et du cap Misène, et pour faire écumer la surface de la mer sous notre esquif.

Le vieux pêcheur et l'enfant, aidés par nous, tirèrent leur barque sur le sable et emportèrent

les paniers de poissons dans la cave de la petite
maison qu'ils habitaient sous les rochers de la
Margellina.

VI

Les jours suivants, nous reprîmes gaiement notre
nouveau métier. Nous écumâmes tour à tour tous
les flots de la mer de Naples. Nous visitâmes ainsi
l'île de Capri, d'où l'imagination repousse encore
l'ombre de Tibère ; Cumes et ses temples ensevelis
sous les lauriers touffus et sous les figuiers sauvages ; Baïa et ses places mornes, qui semblent
avoir vieilli et blanchi comme ces Romains dont
elles abritaient jadis la jeunesse et les délices ; Portici et Pompeïa, riant sous la lave et sous la cendre
du Vésuve ; Castellamare, dont les hautes et noires
forêts de lauriers et de châtaigniers sauvages, en
se répétant dans la mer, teignent en vert sombre
les flots toujours murmurants de la rade. Le vieux
batelier connaissait partout quelques familles de
pêcheurs comme lui, où nous recevions l'hospitalité. quand la mer était grosse et nous empêchait
de rentrer à Naples.

Pendant deux mois, nous n'entrâmes pas dans
une auberge. Nous vivions en plein air avec le
peuple et de la vie frugale du peuple. Nous nous
étions faits peuple nous-mêmes pour être plus près
de la nature. Nous avions presque son costume.

Nous parlions sa langue, et la simplicité de ses habitudes nous communiquait, pour ainsi dire, la naïveté de ses sentiments.

Cette transformation, d'ailleurs, nous coûtait peu à mon ami et à moi. Élevés tous deux à la campagne pendant les orages de la Révolution, qui avait abattu ou dispersé nos familles, nous avions beaucoup vécu, dans notre enfance, de la vie du paysan : lui, dans les montagnes du Grésivaudan, chez une nourrice qui l'avait recueilli pendant l'emprisonnement de sa mère ; moi, sur les collines du Mâconnais, dans la petite demeure rustique où mon père et ma mère avaient recueilli leur nid menacé. Du berger ou du laboureur de nos montagnes au pêcheur du golfe de Naples, il n'y a de différence que le site, la langue et le métier. Le sillon ou la vague inspirent les mêmes pensées aux hommes qui labourent la terre ou l'eau. La nature parle la même langue à ceux qui cohabitent avec elle sur la montagne ou sur la mer.

Nous l'éprouvions. Au milieu de ces hommes simples, nous ne nous trouvions pas dépaysés. Les mêmes instincts sont une parenté entre les hommes. La monotonie même de cette vie nous plaisait en nous endormant. Nous voyions avancer avec peine la fin de l'été et approcher ces jours d'automne et d'hiver après lesquels il faudrait rentrer dans notre patrie. Nos familles, inquiètes, com-

mençaient à nous rappeler. Nous éloignions, autant que nous le pouvions, cette idée de départ,
et nous aimions à nous figurer que cette vie
n'aurait point de terme.

VII

Cependant septembre commençait avec ses pluies
et ses tonnerres. La mer était moins douce. Notre
métier, plus pénible, devenait quelquefois dange-
reux. Les brises fraîchissaient, la vague écumait
et nous trempait souvent de ses jaillissements.
Nous avions acheté sur le môle deux de ces capotes
de grosse laine brune que les matelots et les lazzaroni de Naples jettent, pendant l'hiver, sur leurs
épaules. Les manches larges de ces capotes pendent
à côté des bras nus. Le capuchon, flottant en arrière ou ramené sur le front, selon le temps,
abrite la tête du marin de la pluie et du froid, ou
laisse la brise et les rayons du soleil se jouer dans
ses cheveux mouillés.

Un jour, nous partîmes de la Margellina par une
mer d'huile, que ne ridait aucun souffle, pour aller
pêcher des rougets et les premiers thons sur la
côte de Cumes, où les courants les jettent dans
cette saison. Les brouillards roux du matin flottaient à mi-côte et annonçaient un coup de vent
pour le soir. Nous espérions le prévenir et avoir

le temps de doubler le cap Misène avant que la
mer lourde et dormante fût soulevée.

La pêche était abondante. Nous voulûmes jeter
quelques filets de plus. Le vent nous surprit ; il
tomba du sommet de l'Époméo, immense montagne qui domine Ischia, avec le bruit et le poids
de la montagne elle-même qui s'écroulerait dans
la mer. Il aplanit d'abord tout l'espace liquide autour de nous, comme la herse de fer aplanit la
glèbe et nivelle les sillons ; puis la vague, revenue
de sa surprise, se gonfla murmurante et creuse,
et s'éleva, en peu de minutes, à une telle hauteur,
qu'elle nous cachait de temps à autre la côte et les
îles.

Nous étions également loin de la terre ferme et
d'Ischia, et déjà à demi engagés dans le canal qui
sépare le cap Misène de l'île grecque de Procida.
Nous n'avions qu'un parti à prendre : nous enga-
ger résolûment dans le canal, et, si nous réus-
sissions à le franchir, nous jeter à gauche dans le
golfe de Baïa, et nous abriter dans ses eaux tranquilles.

Le vieux pêcheur n'hésita pas. Du sommet d'une
lame où l'équilibre de la barque nous suspendit un
moment dans un tourbillon d'écume, il jeta un
regard rapide autour de lui, comme un homme
égaré qui monte sur un arbre pour chercher sa
route ; puis se précipitant au gouvernail : « A vos

rames, enfants! s'écria-t-il; il faut que nous vo-
guions au cap plus vite que le vent; s'il nous y
devance, nous sommes perdus! » Nous obéîmes
comme le corps obéit à l'instinct.

Les yeux fixés sur ses yeux pour y chercher le
rapide indice de sa direction, nous nous penchâ-
mes sur nos avirons, et tantôt gravissant péniblement le flanc des lames montantes, tantôt nous
précipitant avec leur écume au fond des lames
descendantes, nous cherchions à ralentir notre
chute par la résistance de nos rames dans l'eau.
Huit ou dix vagues de plus en plus énormes nous
jetèrent dans le plus étroit du canal. Mais le vent
nous avait devancés, comme l'avait dit le pilote,
et, en s'engouffrant entre le cap et la pointe de
l'île, il avait acquis une telle force, qu'il soulevait
la mer avec les bourdonnements d'une lave furieuse, et que la vague, ne trouvant pas assez
d'espace pour fuir assez vite devant l'ouragan qui
la poussait, s'amoncelait sur elle-même, retombait,
ruisselait, s'éparpillait dans tous les sens comme
une mer folle, et, cherchant à fuir sans pouvoir
s'échapper du canal, se heurtait avec des coups
terribles contre les rochers à pic du cap Misène,
et y élevait une colonne d'écume dont la poussière
était renvoyée jusque sur nous.

VIII

Tenter de franchir ce passage avec une barque
aussi fragile, et qu'un simple jet d'écume pouvait
remplir et engloutir, c'était insensé. Le pêcheur
jeta sur le cap, éclairé par sa colonne d'écume,
un regard que je n'oublierai jamais ; puis, faisant
le signe de la croix : « Passer est impossible, s'é-
cria-t-il ; reculer dans la grande mer, encore
plus. Il ne nous reste qu'un parti : aborder à Procida ou périr. »

Tout novices que nous fussions dans la pratique
de la mer, nous sentions la difficulté d'une pareille
manœuvre par un coup de vent. En nous dirigeant
vers le cap, le vent nous prenait en poupe, nous
chassait devant lui ; nous suivions la mer qui fuyait
avec nous, et les vagues, en nous élevant sur leur
sommet, nous relevaient avec elles. Elles avaient
donc moins de chance de nous ensevelir dans les
abîmes qu'elles creusaient. Mais pour aborder à
Procida, dont nous apercevions les feux du soir
briller à notre droite, il fallait prendre oblique-
ment les lames et nous glisser, pour ainsi dire,
dans leurs vallées vers la côte, en présentant le
flanc à la vague, et les minces bords de la barque
au vent. Cependant la nécessité ne nous permettait
pas d'hésiter. Le pêcheur, nous faisant signe de

relever nos rames, profita de l'intervalle d'une lame à l'autre pour virer de bord. Nous mîmes le cap sur Procida, et nous voguâmes comme un brin d'herbe marine qu'une vague jette à l'autre vague, et que le flot reprend au flot.

IX

Nous avancions peu. La nuit était tombée. La poussière, l'écume, les nuages que le vent roulait en lambeaux déchirés sur le canal, en redoublaient l'obscurité. Le vieillard avait ordonné à l'enfant d'allumer une de ses torches de résine, soit pour éclairer un peu sa manœuvre dans les profondeurs de la mer, soit pour indiquer aux marins de Procida qu'une barque était en perdition dans le canal, et pour leur demander, non leurs secours, mais leurs prières.

C'était un spectacle sublime et sinistre que celui de ce pauvre enfant, accroché d'une main au petit mât qui surmontait la proue, et de l'autre élevant au-dessus de sa tête cette torche de feu rouge, dont la flamme et la fumée se tordaient sous le vent et lui brûlaient les doigts et les cheveux. Cette étincelle flottante, apparaissant au sommet des lames et disparaisssant dans leur profondeur, toujours prête à s'éteindre et toujours rallumée, était comme le symbole de ces quatre vies d'hommes

qui luttaient entre le salut et la mort dans les an-
goisses de cette nuit.

X

Trois heures, dont les minutes ont la durée des
pensées qui les mesurent, s'écoulèrent ainsi. La
lune se leva, et, comme c'est l'habitude, le vent
plus furieux se leva avec elle. Si nous avions eu la
moindre voile, il nous eût chavirés vingt fois.
Quoique les bords très-bas de la barque donnassent
peu de prise à l'ouragan, il y avait des moments
où il semblait déraciner notre quille des flots, et
où il nous faisait tournoyer comme une feuille
sèche arrachée à l'arbre.

Nous embarquions beaucoup d'eau; nous ne
pouvions suffire à la vider aussi vite qu'elle nous
envahissait. Il y avait des moments où nous sentions les planches s'affaisser sous nous comme un
cercueil qui descend dans la fosse. Le poids de
l'eau rendait la barque moins obéissante et pouvait la rendre plus lente à se relever une fois entre
deux lames. Une seule seconde de retard, et tout
était fini.

Le vieillard, sans pouvoir parler, nous fit signe,
les larmes aux yeux, de jeter à la mer tout ce qui
encombrait le fond de la barque. Les jarres d'eau,
les paniers de poisson, les deux grosses voiles,

l'ancre de fer, les cordages, jusqu'à ses paquets de
lourdes hardes, nos capotes même de grosse laine,
trempées d'eau, tout passa par-dessus le bord. Le
pauvre nautonnier regarda un moment surnager
toute sa richesse ; la barque se releva et courut
légèrement sur la crête des vagues, comme un
coursier qu'on a déchargé.

Nous entrâmes insensiblement dans une mer plus
douce, un peu abritée par la pointe occidentale de
Procida. Le vent faiblit, la flamme de la torche se
redressa, la lune ouvrit une grande percée bleue
entre les nuages ; les lames, en s'allongeant, s'apla-
nirent et cessèrent d'écumer sur nos têtes. Peu à
peu la mer fut courte et clapoteuse comme dans
une anse presque tranquille, et l'ombre noire de
la falaise de Procida nous coupa la ligne de l'horizon. Nous étions dans les eaux du milieu de l'île.

XI

La mer était trop grosse à la pointe pour en chercher le port. Il fallut nous résoudre à aborder l'île
par ses flancs et au milieu de ses écueils. « N'ayons
plus d'inquiétude, enfants, nous dit le pêcheur en
reconnaissant le rivage à la clarté de la torche, la
Madone nous a sauvés. Nous tenons la terre, et
nous coucherons cette nuit dans ma maison. »
Nous crûmes qu'il avait perdu l'esprit, car nous

ne lui connaissions d'autre demeure que sa cave
sombre de Margellina, et, pour y revenir avant la
nuit, il fallait se jeter dans le canal, doubler le cap
et affronter de nouveau la mer mugissante à laquelle nous venions d'échapper.

Mais lui souriait de notre air d'étonnement ; et
comprenant nos pensées dans nos yeux : « Soyez
tranquilles, jeunes gens, reprit-il, nous arriverons
sans qu'une seule vague nous mouille. » Puis il
nous expliqua qu'il était de Procida ; qu'il possédait
encore sur cette côte de l'île la cabane et le jardin
de son père, et qu'en ce moment même, sa femme
âgée, avec sa petite-fille, sœur de Beppino, notre
jeune mousse, et deux autres petits-enfants, étaient
dans sa maison pour y sécher les figues et pour y
vendanger les treilles dont ils vendaient les raisins à Naples. « Encore quelques coups de rame,
ajouta-t-il, et nous boirons de l'eau de la source,
qui est plus limpide que le vin d'Ischia. »

Ces mots nous rendirent courage ; nous ramâmes
encore pendant l'espace d'environ une lieue, le
long de la côte droite et écumeuse de Procida. De
temps en temps l'enfant élevait et secouait sa
torche. Elle jetait sa lueur sinistre sur les rochers,
et nous montrait partout une muraille inabor-
dable. Enfin, au tournant d'une pointe de granit
qui s'avançait en forme de bastion dans la mer,
nous vîmes la falaise fléchir et se creuser un peu

comme une brèche dans un mur d'enceinte : un
coup de gouvernail nous fit virer droit à la côte ;
trois dernières lames jetèrent notre barque haras-
sée entre deux écueils, où l'écume bouillonnait sur
un bas-fond.

XII

La proue, en touchant la roche, rendit un son
sec et éclatant, comme le craquement d'une planche qui tombe à faux et qui se brise. Nous sautâmes
dans la mer ; nous amarrâmes de notre mieux la
barque avec un reste de cordage, et nous suivîmes
le vieillard et l'enfant, qui marchaient devant
nous.

Nous gravîmes contre le flanc de la falaise une
espèce de rampe étroite où le ciseau avait creusé
dans le rocher des degrés inégaux, tout glissants
de la poussière de la mer. Cet escalier de roc vif,
qui manquait quelquefois sous les pieds, était
remplacé par quelques marches artificielles qu'on
avait formées en enfonçant par la pointe de
longues perches dans les trous de la muraille, et
en jetant sur ce plancher tremblant des planches
goudronnées de vieilles barques, ou des fagots de
branches de châtaignier garnies de leurs feuilles
sèches.

Après avoir monté ainsi lentement environ quatre ou cinq cents marches, nous nous trouvâmes

dans une petite cour suspendue, qu'entourait un
parapet de pierres grises. Au fond de la cour
s'ouvraient deux arches sombres qui semblaient
devoir conduire à un cellier. Au-dessus de ces arches massives, deux arcades arrondies et surbais-
sées portaient un toit en terrasse, dont les bords
étaient garnis de pots de romarin et de basilic.
Sous les arcades, on apercevait une galerie rustique où brillaient, comme des lustres d'or, aux
clartés de la lune, des régimes de maïs suspendus.

Une porte en planches mal jointes ouvrait sur
cette galerie. A droite, le terrain sur lequel la maisonnette était inégalement assise s'élevait jusqu'à
la hauteur du plain-pied de la galerie. Un gros
figuier et quelques ceps tortueux de vigne se pen-
chaient de là sur l'angle de la maison, en confondant
leurs feuilles et leurs fruits sous les ouvertures de
la galerie et en jetant deux ou trois festons serpentant sur le mur d'appui des arcades. Leurs branches grillaient à demi deux fenêtres basses qui s'ouvraient sur cette espèce de jardin ; et, si ce n'eût
été ces fenêtres, on eût pu prendre la maison mas-
sive, carrée et basse, pour un des rochers gris de
cette côte, ou pour un de ces blocs de lave refroidie
que le châtaignier, le lierre et la vigne pressent et
ensevelissent de leurs rameaux, et où le vigneron
de Castellamare ou de Sorrente creuse une grotte

fermée d'une porte pour conserver son vin à côté
du cep qui l'a porté.

Essoufflés par la montée longue et rapide que
nous venions de faire et par le poids de nos rames
que nous portions sur nos épaules, nous nous ar-
rêtâmes un moment, le vieillard et nous, pour reprendre haleine dans cette cour. Mais l'enfant,
jetant sa rame sur un tas de broussailles et gravissant légèrement l'escalier, se mit à frapper à l'une
des fenêtres avec sa torche encore allumée, en appelant d'une voix joyeuse sa grand'mère et sa
sœur : « Ma mère ! ma sœur ! *Madre ! sorrellina !*
criait-il, *Gaetano ! Graziella !* réveillez-vous ; ouvrez,
c'est le père, c'est moi ; ce sont des étrangers avec
nous. »

Nous entendîmes une voix mal éveillée, mais
claire et douce, qui jetait confusément quelques
exclamations de surprise du fond de la maison.
Puis le battant d'une fenêtre s'ouvrit à demi,
poussé par un bras nu et blanc qui sortait d'une
manche flottante, et nous vîmes, à la lueur de la
torche que l'enfant élevait vers la fenêtre en se
dressant sur la pointe des pieds, une ravissante
figure de jeune fille apparaître entre les volets plus
ouverts.

Surprise au milieu de son sommeil par la voix
de son frère, Graziella n'avait eu ni la pensée ni le
temps de s'arranger une toilette de nuit. Elle s'é-

tait élancée pieds nus à la fenêtre, dans le désordre
où elle dormait sur son lit. De ses longs cheveux
noirs, la moitié tombait sur une de ses joues;
l'autre moitié se tordait autour de son cou, puis,
emportée de l'autre côté de son épaule par le vent
qui soufflait avec force, frappait le volet entr'ouvert et revenait lui fouetter le visage, comme
l'aile d'un corbeau battue du vent.

Du revers de ses deux mains, la jeune fille se
frottait les yeux en élevant ses coudes et en dilatant
ses épaules, avec ce premier geste d'un enfant qui
se réveille et qui veut chasser le sommeil. Sa chemise, nouée autour de son cou, ne laissait apercevoir qu'une taille élevée et mince, où se modelaient
à peine sous la toile les ondulations de la jeunesse.
Ses yeux, ovales et grands, étaient de cette couleur
indécise entre le noir foncé et le bleu de mer, qui
adoucit le rayonnement par l'humidité du regard,
et qui mêle à proportions égales dans des yeux de
femme la tendresse de l'âme avec l'énergie de la
passion : teinte céleste, que les yeux des femmes
de l'Asie et de l'Italie empruntent au feu brûlant de
leur jour de flamme et à l'azur serein de leur ciel,
de leur mer et de leur nuit. Les joues étaient pleines, arrondies, d'un contour ferme, mais d'un teint
un peu pâle et un peu bruni par le climat, non de
cette blancheur saine du Midi, qui ressemble à la
couleur du marbre exposé depuis des siècles à l'air

et aux flots. La bouche, dont les lèvres étaient ouvertes et plus épaisses que celles des femmes de
nos climats, avait les plis de la candeur et de la
bonté. Les dents, courtes, mais éclatantes, brillaient
aux lueurs flottantes de la torche comme des écailles de nacre aux bords de la mer sous la moire de
l'eau frappée du soleil.

Tandis qu'elle parlait à son petit frère, ses paroles vives, un peu âpres et accentuées, dont la
moitié était emportée par la brise, résonnaient
comme une musique à nos oreilles. Sa physionomie, aussi mobile que les lueurs de la torche qui
l'éclairait, passa en une minute de la surprise à
l'effroi, de l'effroi à la gaieté, de la tendresse au
rire : puis elle nous aperçut derrière le tronc du
gros figuier ; elle se retira, confuse, de la fenêtre ;
sa main abandonna le volet, qui battit librement
la muraille ; elle ne prit que le temps d'éveiller sa
grand'mère et de s'habiller à demi, elle vint nous
ouvrir la porte sous les arcades et embrasser,
tout émue, son grand-père et son frère.

XIII

La vieille mère parut bientôt, tenant à la main
une lampe de terre rouge qui éclairait son visage
maigre et pâle et ses cheveux, aussi blancs que les
écheveaux de laine qui floconnaient sur la table au-

tour de sa quenouille. Elle baisa la main de son
mari et le front de l'enfant. Tout le récit que con-
tiennent ces lignes fut échangé en quelques mots
et en quelques gestes entre les membres de cette
pauvre famille. Nous n'entendions pas tout. Nous
nous tenions un peu à l'écart pour ne pas gêner
l'épanchement du cœur de nos hôtes. Ils étaient
pauvres ; nous étions étrangers ; nous leur devions
le respect. Notre attitude réservée à la dernière
place et près de la porte le leur témoignait silen-
cieusement.

Graziella jetait de temps en temps un regard
étonné et comme du fond d'un rêve sur nous.
Quand le père eut fini de raconter, la vieille mère
tomba à genoux près du foyer ; Graziella, montant
sur la terrasse, rapporta une branche de romarin
et quelques fleurs d'oranger à larges étoiles blanches ; elle prit une chaise, elle attacha le bouquet,
avec de longues épingles tirées de ses cheveux,
devant une petite statue enfumée de la Vierge, placée au-dessus de la porte et devant laquelle brûlait
une lampe. Nous comprîmes que c'était une action
de grâces à sa divine protectrice, pour avoir sauvé
son grand-père et son frère, et nous prîmes notre
part de sa reconnaissance.

XIV

L'intérieur de la maison était aussi nu et aussi semblable au dehors que le rocher. Il n'y avait que les murs sans enduit, blanchis seulement d'un peu de chaux. Les lézards, réveillés par la lueur, glissaient et bruissaient dans les interstices des pierres et sous les feuilles de fougère qui servaient de lit aux enfants. Les nids d'hirondelles, dont on voyait sortir les petites têtes noires et briller les yeux inquiets, étaient suspendus aux solives couvertes d'écorce qui formaient le toit. Graziella et sa grand'mère couchaient ensemble dans la seconde chambre, sur un lit unique, recouvert d'un morceau de toile. Des paniers de fruits et un bât de mulet jonchaient le plancher.

Le pêcheur se tourna vers nous avec une espèce de honte, en nous montrant de sa main la pauvreté de sa demeure; puis il nous conduisit sur la terrasse, place d'honneur dans l'Orient et dans le midi de l'Italie. Aidé de l'enfant et de Graziella, il fit une espèce de hangar en appuyant une des extrémités de nos rames sur le mur du parapet de la terrasse, l'autre extrémité sur le plancher. Il couvrit cet abri d'une douzaine de fagots de châtaigniers fraîchement coupés dans la montagne ; il étendit quelques bottes de fougère sous ce hangar ; il nous apporta deux morceaux de pain, de l'eau fraîche et des figues, et il nous invita à dormir.

Les fatigues et les émotions du jour nous rendirent le sommeil soudain et profond. Quand nous nous réveillâmes, les hirondelles criaient déjà autour de notre couche, en rasant la terrasse, pour y dérober les miettes de notre souper; et le soleil, déjà haut dans le ciel, échauffait comme un four les fagots de feuilles qui nous servaient de toit.

Nous restâmes longtemps étendus sur notre fougère, dans cet état de demi-sommeil qui laisse l'homme moral sentir et penser avant que l'homme des sens ait le courage de se lever et d'agir. Nous échangions quelques paroles inarticulées qu'interrompaient de longs silences et qui retombaient dans les rêves. La pêche de la veille, la barque balancée sous nos pieds, la mer furieuse, les rochers inaccessibles, la figure de Graziella entre deux volets, aux clartés de la résine ; toutes ces images se croisaient, se brouillaient, se confondaient en nous.

Nous fûmes tirés de cette somnolence par les sanglots et les reproches de la vieille grand'mère, parlant à son mari dans la maison. La cheminée, dont l'ouverture perçait la terrasse, apportait la voix et quelques paroles jusqu'à nous. La pauvre femme se lamentait sur la perte des jarres, de l'ancre, des cordages presque neufs, et surtout des belles voiles filées par elle, tissues de son propre

chanvre, et que nous avions eu la barbarie de jeter à la mer pour sauver nos vies.

« Qu'avais-tu à faire, disait-elle au vieillard atterré
et muet, de prendre ces deux étrangers, ces deux
Français avec toi? Ne sais-tu pas que ce sont des
païens (*pagani*), et qu'ils portent le malheur et l'im-
piété avec eux? Les saints t'ont puni. Ils nous ont
ravi notre richesse; remercie-les encore de ce qu'ils
ne nous ont pas ravi notre âme. »

Le pauvre homme ne savait que répondre. Mais
Graziella, avec l'autorité et l'impatience d'une enfant à qui sa grand'mère permettait tout, se ré-
volta contre l'injustice de ces reproches, et prenant
le parti du vieillard :

« Qu'est-ce qui vous dit que ces étrangers sont
des païens? répondit-elle à sa grand'mère. Est-ce
que les païens ont un air si compatissant pour les
pauvres gens? Est-ce que les païens font le signe
de la croix comme nous devant l'image des saints?
Eh bien! je vous dis qu'hier, quand vous êtes
tombée à genoux pour remercier Dieu, et quand
j'ai attaché le bouquet à l'image de la Madone, je
les ai vus baisser la tête comme s'ils priaient, faire
le signe de la croix sur leur poitrine, et que même
j'ai vu une larme briller dans les yeux du plus
jeune et tomber sur sa main.

— C'était une goutte de l'eau de mer qui tombait
de ses cheveux, reprit aigrement la vieille femme.

— Et moi je vous dis que c'était une larme, répliqua avec colère Graziella. Le vent qui soufflait avait bien eu le temps de sécher leurs cheveux depuis le rivage jusqu'au sommet de la côte. Mais le vent ne sèche pas le cœur. Eh bien ! je vous le répète, ils avaient de l'eau dans les yeux. »

Nous comprîmes que nous avions une protectrice toute-puissante dans la maison, car la grand'mère ne répondit pas et ne murmura plus.

XV

Nous nous hâtâmes de descendre, pour remercier la pauvre famille de l'hospitalité que nous avions reçue. Nous trouvâmes le pêcheur, la vieille mère, Beppo, Graziella et jusqu'aux petits enfants, qui se disposaient à descendre vers la côte pour visiter la barque abandonnée la veille, et voir si elle était suffisamment amarrée contre le gros temps, car la tempête continuait encore. Nous descendîmes avec eux, le front baissé, timides comme des hôtes qui ont été l'occasion d'un malheur dans une famille, et qui ne sont pas sûrs des sentiments qu'on y a pour eux.

Le pêcheur et sa femme nous précédaient de quelques marches ; Graziella, tenant un de ses petits frères par la main et portant l'autre sur le bras, venait après. Nous suivions derrière, en si-

lence. Au dernier détour d'une des rampes, d'où
l'on voit les écueils que l'arête d'un rocher nous
empêchait d'apercevoir encore, nous entendîmes
un cri de douleur s'échapper à la fois de la bouche
du pêcheur et de celle de sa femme. Nous les
vîmes élever leurs bras nus au ciel, se tordre les
mains comme dans les convulsions du désespoir,
se frapper du poing le front et les yeux, et s'arracher des touffes de cheveux blancs, que le vent
emportait en tournoyant contre les rochers.

Graziella et les petits enfants mêlèrent bientôt
leurs voix à ces cris. Tous se précipitèrent comme
des insensés, en franchissant les derniers degrés
de la rampe, vers les écueils, s'avancèrent jusque
dans les franges d'écume que des vagues immenses
chassaient à terre, et tombèrent sur la plage, les
uns à genoux, les autres à la renverse, la vieille
femme le visage dans ses mains et la tête dans le
sable humide.

Nous contemplions cette scène de désespoir du
haut du dernier petit promontoire, sans avoir la
force d'avancer ni de reculer. La barque, amarrée
au rocher, mais qui n'avait point d'ancre à la
poupe pour la contenir, avait été soulevée pendant
la nuit par les lames et mise en pièces contre les
pointes des écueils qui devaient la protéger. La
moitié du pauvre esquif tenait encore par la corde
au roc où nous l'avions fixé la veille. Il se débat-

tait avec un bruit sinistre comme des voix d'hommes en perdition, qui s'éteignent dans un gémissement rauque et désespéré.

Les autres parties de la coque, la poupe, le mât, les membrures, les planches peintes, étaient semées çà et là sur la grève, semblables aux membres de cadavres déchirés par les loups après un combat. Quand nous arrivâmes sur la plage, le vieux pêcheur était occupé à courir d'un de ces débris à l'autre. Il les relevait, il les regardait d'un œil sec, puis il les laissait retomber à ses pieds pour aller plus loin. Graziella pleurait, assise à terre, la tête dans son tablier. Les enfants, les jambes nues dans la mer, couraient en criant après les débris des planches, qu'ils s'efforçaient de diriger vers le rivage.

Quant à la vieille femme, elle ne cessait de gémir et de parler en gémissant. Nous ne saisissions que des accents confus et des lambeaux de plaintes qui déchiraient l'air et qui fendaient le cœur : « O mer féroce! mer sourde! mer pire que les démons de l'enfer! mer sans cœur et sans honneur! criait-elle avec des vocabulaires d'injures, en montrant le poing fermé aux flots; pourquoi ne nous as-tu pas pris nous-mêmes, nous tous, puisque tu nous as pris notre gagne-pain? Tiens! tiens! tiens! prends-moi du moins en morceaux, puisque tu ne m'as pas prise tout entière. »

Et en disant ces mots, elle se levait sur son séant, elle jetait, avec des lambeaux de sa robe, des touffes de ses cheveux dans la mer. Elle frappait la vague du geste, elle piétinait dans l'écume ; puis, passant alternativement de la colère à la plainte et des convulsions à l'attendrissement, elle se rasseyait dans le sable, appuyait son front dans ses mains, et regardait en pleurant les planches disjointes battre l'écueil. « Pauvre barque ! criait-elle, comme si ces débris eussent été les membres d'un être chéri à peine privé de sentiment, est-ce là le sort que nous te devions ? Ne devions-nous pas périr avec toi ? périr ensemble, comme nous avions vécu ? Là, en morceaux, en débris, en poussière ; criant, morte encore, sur l'écueil où tu nous as appelés toute la nuit, et où nous devions te secourir ! Qu'est-ce que tu penses de nous ? tu nous avais si bien servis, et nous t'avons trahie, abandonnée, perdue ! Perdue, là, si près de la maison, à portée de la voix de ton maître ! jetée à la côte comme le cadavre d'un chien fidèle, que la vague rejette au pied du maître qui l'a noyé ! »

Puis ses larmes étouffaient sa voix ; puis elle reprenait une à une toute l'énumération des qualités de sa barque, et tout l'argent qu'elle leur avait coûté, et tous les souvenirs qui se rattachaient pour elle à ce pauvre débris flottant. « Était-ce pour cela, disait-elle, que nous l'avions fait si bien radouber

et si bien peindre, après la dernière pêche du thon?
Était-ce pour cela que mon pauvre fils, avant de
mourir et de laisser ses trois enfants sans père ni
mère, l'avait bâtie avec tant de soins et d'amour,
presque tout entière de ses propres mains? Quand
je venais prendre les paniers dans la cale, je re-
connaissais les coups de sa hache dans le bois,
et je les baisais en mémoire de lui! Ce sont les
requins et les crabes de la mer qui les baiseront
maintenant! Pendant les soirs d'hiver, il avait
sculpté lui-même avec son couteau l'image de
saint François sur une planche et il l'avait fixée à
la proue pour la protéger contre le mauvais temps.
O saint impitoyable! comment s'est-il montré reconnaissant? Qu'a-t-il fait de mon fils, de sa femme
et de la barque qu'il nous avait laissée après lui
pour gagner la vie de ses pauvres enfants? Comment s'est-il protégé lui-même, et où est-elle, son
image, jouet des flots?

— Mère, mère! s'écria un des enfants en ra-
massant sur la grève, entre deux rochers, un
éclat du bateau laissé à sec par une lame; voilà le
saint! »

La pauvre femme oublia toute sa colère et tous ses
blasphèmes, s'élança, les pieds dans l'eau, vers l'enfant, prit le morceau de planche sculpté par son
fils et le colla sur ses lèvres en le couvrant de larmes. Puis elle alla se rasseoir et ne dit plus rien.

XVI

Nous aidâmes Beppo et le vieillard à recueillir un
à un tous les morceaux de la barque. Nous tirâmes
la quille mutilée plus avant sur la plage. Nous fîmes
un monceau de ce débris, dont quelques planches
et les ferrures pouvaient servir encore à ces pauvres
gens ; nous roulâmes par-dessus de grosses pierres,
afin que les vagues, si elles montaient, ne disper-
sassent pas ces chers restes de l'esquif, et nous re-
montâmes, tristes et bien loin derrière nos hôtes,
à la maison. L'absence du bateau et l'état de la mer
ne nous permettaient pas de partir.

Après avoir pris, les yeux baissés et sans dire
un mot, un morceau de pain et du lait de chèvre
que Graziella nous apporta près de la fontaine,
sous le figuier, nous laissâmes la maison à son
deuil, et nous allâmes nous promener dans la haute
treille de vignes et sous les oliviers du plateau élevé
de l'île.

XVII

Nous nous parlions à peine, mon ami et moi,
mais nous avions la même pensée, et nous prenions par instinct tous les sentiers qui tendaient
à la pointe orientale de l'île et qui devaient nous

mener à la ville prochaine de Procida. Quelques
chevriers et quelques jeunes filles au costume
grec, que nous rencontrâmes portant des cruches
d'huile sur leurs têtes, nous remirent plusieurs
fois dans le vrai chemin. Nous arrivâmes enfin
à la ville après une heure de marche.

« Voilà une triste aventure, me dit mon ami.

— Il faut la changer en joie pour ces bonnes
gens, lui répondis-je.

— J'y pensais, reprit-il en faisant sonner dans
sa ceinture bon nombre de sequins d'or.

— Et moi aussi; mais je n'ai que cinq ou six sequins dans ma bourse. Cependant, j'ai été de moitié dans le malheur, il faut que je sois de moitié
aussi dans la réparation.

— Je suis le plus riche des deux, dit mon ami;
j'ai un crédit chez un banquier de Naples. J'avance-
rai tout. Nous réglerons nos comptes en France. »

XVIII

En parlant ainsi, nous descendions légèrement
les rues en pente de Procida. Nous arrivâmes bientôt sur la *marine;* c'est ainsi qu'on appelle la plage
voisine de la rade ou du port, dans l'Archipel et
sur les côtes d'Italie. La plage était couverte de barques d'Ischia, de Procida et de Naples, que la tempête de la veille avait forcées de chercher un abri

dans ses eaux. Les marins et les pêcheurs dormaient au soleil, au bruit décroissant des vagues, ou causaient par groupes assis sur le môle. A notre costume et au bonnet de laine rouge qui recouvrait nos cheveux, ils nous prirent pour de jeunes matelots de Toscane ou de Gênes qu'un des bricks qui portent l'huile ou le vin d'Ischia avait débarqués à Procida.

Nous parcourûmes la *marine* en cherchant de l'œil une barque solide et bien gréée, qui pût être facilement manœuvrée par deux hommes, et dont la proportion et les formes se rapprochassent le plus possible de celle que nous avions perdue. Nous n'eûmes pas de peine à la trouver. Elle appartenait à un riche pêcheur de l'île, qui en possédait plusieurs autres. Celle-là n'avait encore que quelques mois de service. Nous allâmes chez le propriétaire, dont les enfants du port nous indiquèrent la maison.

Cet homme était gai, sensible et bon. Il fut touché du récit que nous lui fîmes du désastre de la nuit et de la désolation de son pauvre compatriote de Procida. Il n'en perdit pas une piastre sur le prix de son embarcation, mais il n'en exagéra pas la valeur, et le marché fut conclu pour trente-deux sequins d'or, que mon ami lui paya comptant. Moyennant cette somme, le bateau et un gréement tout neuf, voiles, jarres, cordages, ancre de fer, tout fut à nous.

Nous complétâmes même l'équipement en achetant dans une boutique du port deux capotes de laine rousse, une pour le vieillard, l'autre pour l'enfant ; nous y joignîmes des filets de diverses espèces, des paniers à poisson et quelques ustensiles grossiers de ménage à l'usage des femmes. Nous convînmes avec le marchand de barques que nous lui payerions le lendemain trois sequins de plus, si l'embarcation était conduite le jour même au point de la côte que nous lui désignâmes. Comme la bourrasque baissait et que la terre élevée de l'île abritait un peu la mer du vent de ce côté, il s'y engagea, et nous repartîmes par terre pour la maison d'Andréa.

XIX

Nous fîmes la route lentement, nous asseyant sous tous les arbres, à l'ombre de toutes les treilles, causant, rêvant, marchandant à toutes les jeunes *Procitanes* les paniers de figues, de nèfles, de raisins qu'elles portaient, et donnant aux heures le temps de couler. Quand, du haut d'un promontoire, nous aperçûmes notre embarcation qui se glissait furtivement sous l'ombre de la côte, nous pressâmes le pas pour arriver en même temps que les rameurs.

On n'entendait ni pas ni voix dans la petite

maison et dans la vigne qui l'entourait. Deux beaux pigeons aux larges pattes emplumées et aux ailes blanches tigrées de noir, becquetant des grains de maïs sur le mur en parapet de la terrasse, étaient le seul signe de vie qui animât la maison. Nous montâmes sans bruit sur le toit; nous y trouvâmes la famille profondément endormie. Tous, excepté les enfants, dont les jolies têtes reposaient à côté l'une de l'autre sur le bras de Graziella, sommeillaient dans l'attitude de l'affaissement produit par la douleur.

La vieille mère avait la tête sur ses genoux, et son haleine assoupie semblait sangloter encore. Le père était étendu sur le dos, les bras en croix, en plein soleil. Les hirondelles rasaient ses cheveux gris dans leur vol. Les mouches couvraient son front en sueur. Deux sillons creux et serpentant jusqu'à sa bouche attestaient que la force de l'homme s'était brisée en lui et qu'il s'était assoupi dans les larmes.

Ce spectacle nous fendit le cœur. La pensée du bonheur que nous allions rendre à ces pauvres gens nous consola. Nous les éveillâmes. Nous jetâmes aux pieds de Graziella et de ses petits frères, sur le plancher du toit, le pain frais, le fromage, les salaisons, les raisins, les oranges, les figues, dont nous nous étions chargés en route. La jeune fille et les enfants n'osaient se lever au milieu de cette pluie d'abondance qui tombait comme du ciel autour d'eux. Le père nous remerciait pour sa famille. La grand'mère regardait tout cela d'un œil terne. L'expression de sa physionomie se rapprochait plus de la colère que de l'indifférence.

« Allons, Andréa, dit mon ami au vieillard, l'homme ne doit pas pleurer deux fois ce qu'il peut racheter avec du travail et du courage. Il y a des planches dans les forêts et des voiles dans le chanvre qui pousse. Il n'y a que la vie de l'homme que le chagrin use qui ne repousse pas. Un jour de larmes consume plus de force qu'un an de travail. Descendez avec nous, avec votre femme et vos enfants. Nous sommes vos matelots, nous vous aiderons à remonter ce soir dans la cour les débris de notre naufrage. Vous en ferez des clôtures, des lits, des tables, des meubles pour la famille. Cela vous fera plaisir un jour, de dormir tranquille, dans votre vieillesse, au milieu de ces planches qui vous ont si longtemps bercé sur les flots.

—Qu'elles puissent seulement nous faire des cercueils! » murmura sourdement la grand'mère.

XX

Cependant ils se levèrent et nous suivirent tous en descendant lentement les degrés de la côte;

mais on voyait que l'aspect de la mer et le son des lames leur faisaient mal. Je n'essayerai pas de décrire la surprise et la joie de ces pauvres gens quand du haut du dernier palier de la rampe ils aperçurent la belle embarcation neuve, brillante au soleil et tirée à sec sur le sable à côté des débris de l'ancienne, et que mon ami leur dit : « Elle est à vous! » Ils tombèrent tous, comme foudroyés de la même joie, à genoux, chacun sur le degré où il se trouvait, pour remercier Dieu, avant de trouver des paroles pour nous remercier nous-mêmes. Mais leur bonheur nous remerciait assez.

Ils se relevèrent à la voix de mon ami qui les appelait. Ils coururent sur ses pas vers la barque. Ils en firent d'abord à distance et respectueusement le tour, comme s'ils eussent craint qu'elle n'eût quelque chose de fantastique et qu'elle ne s'évanouît comme un prodige. Puis ils s'en approchèrent de plus près, puis ils la touchèrent en portant ensuite à leur front et à leurs lèvres la main qui l'avait touchée. Enfin ils poussèrent des exclamations d'admiration et de joie, et, se prenant les mains en chaîne, depuis la vieille femme jusqu'aux petits enfants, ils dansèrent autour de la coque.

XXI

Beppo fut le premier qui y monta. Debout sur le petit faux-pont de la proue, il tirait un à un de la cale tous les objets de gréement dont nous l'avions remplie : l'ancre, les cordages, les jarres à quatre anses, les belles voiles neuves, les paniers, les capotes aux larges manches; il faisait sonner l'ancre, il élevait les rames au-dessus de sa tête, il dépliait la toile, il froissait entre ses doigts le rude duvet des manteaux, il montrait toutes ces richesses à son grand-père, à sa grand'mère, à sa sœur, avec des cris et des trépignements de bonheur. Le père, la mère, Graziella, pleuraient en regardant tour à tour la barque et nous.

Les marins qui avaient amené l'embarcation, cachés derrière les rochers, pleuraient aussi. Tout le monde nous bénissait. Graziella, le front baissé et plus sérieuse dans sa reconnaissance, s'approcha de sa grand'mère, et je l'entendis murmurer en nous montrant du doigt : « Vous disiez que c'étaient des païens; et quand je vous disais, moi, que ce pouvaient bien être plutôt des anges! Qui est-ce qui avait raison? »

La vieille femme se jeta à nos pieds et nous demanda pardon de ses soupçons. Depuis cette heure, elle nous aima presque autant qu'elle aimait sa petite-fille ou Beppo.

XXII

Nous congédiâmes les marins de Procida, après
leur avoir payé les trois sequins convenus. Nous
nous chargeâmes chacun d'un des objets de gréement qui encombraient la cale. Nous rapportâmes
à la maison, au lieu des débris de sa fortune,
toutes ces richesses de l'heureuse famille. Le soir,
après souper, à la clarté de la lampe, Beppo détacha du chevet du lit de sa grand'mère le morceau de planche brisée où la figure de saint François avait été sculptée par son père; il l'équarrit
avec une scie; il la nettoya avec son couteau; il la
polit et la peignit à neuf. Il se proposait de l'in-
cruster le lendemain sur l'extrémité intérieure de
la proue, afin qu'il y eût dans la nouvelle barque
quelque chose de l'ancienne. C'est ainsi que les
peuples de l'antiquité, quand ils élevaient un temple sur l'emplacement d'un autre temple, avaient
soin d'introduire au nouvel édifice les matériaux
ou une colonne au moins de l'ancien, afin qu'il
y eût quelque chose de vieux et de sacré dans le
moderne, et que le souvenir lui-même fruste et
grossier eût son culte et son prestige pour le cœur
parmi les chefs-d'œuvre du sanctuaire nouveau.
L'homme est partout l'homme. Sa nature sensible
a toujours les mêmes instincts, qu'il s'agisse du

Parthénon, de Saint-Pierre de Rome, ou d'une pauvre barque de pêcheur sur un écueil de Procida.

XXIII

Cette nuit fut peut-être la plus heureuse de toutes les nuits que la Providence eût destinées à cette maison depuis qu'elle est sortie du rocher et jusqu'à ce qu'elle retombe en poussière. Nous dormîmes aux coups de vent dans les oliviers, au bruit des lames sur la côte et aux lueurs rasantes de la lune sur notre terrasse. A notre réveil, le ciel était balayé comme un cristal poli, la mer foncée et tigrée d'écume, comme si l'eau eût sué de vitesse et de lassitude ; mais le vent, plus furieux, mugissait toujours. La poussière blanche que les vagues accumulaient sur la pointe du cap Misène s'élevait plus haut que la veille. Elle noyait toute la côte de Cumes dans un flux et reflux de brume lumineuse qui ne cessait de monter et de retomber. On n'apercevait aucune voile sur le golfe de Gaëte ni sur celui de Baïa. Les hirondelles de mer fouettaient l'écume de leurs ailes blanches, seul oiseau qui ait son élément dans la tempête et qui crie de joie pendant les naufrages, comme ces habitants maudits de la baie des Trépassés, qui attendent leur proie des navires en perdition.

Nous éprouvions, sans nous le dire, une joie se-

crète d'être ainsi emprisonnés par le gros temps
dans la maison et dans la vigne du batelier. Cela
nous donnait le temps de savourer notre situation
et de jouir du bonheur de cette pauvre famille, à
laquelle nous nous attachions comme des enfants.

Le vent et la grosse mer nous y retinrent neuf
jours entiers. Nous aurions désiré, moi surtout,
que la tempête ne finît jamais, et qu'une nécessité
involontaire et fatale nous fît passer des années où
nous nous trouvions si captifs et si heureux. Nos
journées s'écoulaient pourtant bien insensibles et
bien uniformes. Rien ne prouve mieux combien
peu de chose suffit au bonheur, quand le cœur est
jeune et jouit de tout. C'est ainsi que les aliments
les plus simples soutiennent et renouvellent la vie
du corps, quand l'appétit les assaisonne et que les
organes sont neufs et sains....

XXIV

Nous éveiller au cri des hirondelles qui effleu-
raient notre toit de feuilles sur la terrasse où nous
avions dormi; écouter la voix enfantine de Graziella qui chantait à demi-voix dans la vigne, de
peur de troubler le sommeil des étrangers; descendre rapidement à la plage pour nous plonger
dans la mer et nager quelques minutes dans une
petite calanque dont le sable fin brillait à travers

la transparence d'une eau profonde, et où le mouvement et l'écume de la haute mer ne pénétraient
pas ; remonter lentement à la maison en séchant
et en réchauffant au soleil nos cheveux et nos
épaules trempés par le bain ; déjeuner dans la
vigne d'un morceau de pain et de fromage de
buffle, que la jeune fille nous apportait et rompait
avec nous ; boire l'eau claire et rafraîchie de la
source puisée par elle dans une petite jarre de
terre oblongue qu'elle penchait en rougissant sur
son bras, pendant que nos lèvres se collaient à
l'orifice ; aider ensuite la famille dans les mille
petits travaux rustiques de la maison et du jardin ;
relever les pans de mur de clôture qui entouraient
la vigne et qui supportaient les terrasses ; déraciner
de grosses pierres qui avaient roulé, l'hiver, du
haut de ces murs sur les jeunes plants de vigne,
et qui empiétaient sur le peu de culture qu'on
pouvait pratiquer entre les ceps ; apporter dans le
cellier les grosses courges jaunes dont une seule
était la charge d'un homme ; couper ensuite leurs
filaments qui couvraient la terre de leurs larges
feuilles et qui embarrassaient les pas dans leurs
réseaux ; tracer entre chaque rangée de ceps, sous
les treilles hautes, une petite rigole dans la terre
sèche, pour que l'eau de la pluie s'y rassemblât
d'elle-même et les abreuvât plus longtemps ; creuser, pour le même usage, des espèces de puits en

entonnoir au pied des figuiers et des citronniers ;
telles étaient nos occupations matinales, jusqu'à
l'heure où le soleil dardait d'aplomb sur le toit,
sur le jardin, sur la cour, et nous forçait à chercher l'abri des treilles. La transparence et le reflet
des feuilles de vigne y teignaient les ombres flottantes d'une couleur chaude et un peu dorée.

CHAPITRE DEUXIÈME.

I

Graziella alors rentrait à la maison pour filer auprès de sa grand'mère ou pour préparer le repas du milieu du jour. Quant au vieux pêcheur et à Beppo, ils passaient des journées entières au bord de la mer à arrimer la barque neuve, à y faire les perfectionnements que leur passion pour leur nouvelle propriété leur inspirait, et à essayer les filets à l'abri des écueils. Ils nous rapportaient toujours, pour le repas de midi, quelques crabes ou quelques anguilles de mer, aux écailles plus luisantes que le plomb fraîchement fondu. La mère les faisait frire dans l'huile des oliviers. La famille conservait cette huile, selon l'usage du pays, au fond d'un petit puits creusé dans le rocher tout près de la maison, et fermé d'une grosse pierre où l'on avait scellé un anneau de fer. Quelques con-combres frits de même et découpés en lanières dans la poêle, quelques coquillages frais, semblables à des moules, et qu'on appelle *frutti di mare*, fruits de mer, composaient pour nous ce frugal dîner, le principal et le plus succulent repas de la journée. Des raisins muscats aux longues grappes jaunes, cueillis le matin par Graziella, conservés sur leur tige et sous leurs feuilles, et servis sur des corbeilles plates d'osier tressé, formaient le dessert. Une tige ou deux de fenouil vert et cru trempé dans le poivre, et dont l'odeur d'anis parfume les lèvres et relève le cœur, nous tenaient lieu de liqueurs et de café, selon l'usage des marins et des paysans de Naples. Après le dîner, nous allions chercher, mon ami et moi, quelque abri ombragé et frais au sommet de la falaise, en vue de la mer et de la côte de Baïa, et nous y passions à regarder, à rêver et à lire, les heures brûlantes du jour jusque vers quatre ou cinq heures après midi.

II

Nous n'avions sauvé des flots que trois volumes dépareillés, parce que ceux-là ne se trouvaient pas dans notre valise de marins, quand nous la jetâmes à la mer : c'était un petit volume italien d'Hugo Foscolo, intitulé *Lettres de Jacopo Ortis*, espèce de Werther moitié politique, moitié romanesque, où la passion de la liberté de son pays se mêle dans le cœur d'un jeune Italien à sa pas-

sion pour une belle Vénitienne. Le double enthousiasme nourri par ce double feu de l'amant et
du citoyen allume dans l'âme d'Ortis une fièvre
dont l'accès, trop fort pour un homme sensible et
maladif, produit enfin le suicide. Ce livre, copie
littérale mais coloriée et lumineuse du *Werther* de
Gœthe, était alors entre les mains de tous les
jeunes hommes qui nourrissaient comme nous
dans leur âme ce double rêve de ceux qui sont
dignes de rêver quelque chose de grand : l'amour
et la liberté.

III

La police de Bonaparte et de Murat proscrivait
l'auteur et le livre. L'auteur avait pour asile le
cœur de tous les patriotes italiens et de tous les
libéraux de l'Europe. Le livre avait pour sanctuaire
la poitrine des jeunes gens comme nous; nous l'y
cachions pour en aspirer les maximes. Des deux
autres volumes que nous avions sauvés, l'un était
Paul et Virginie, de Bernardin de Saint-Pierre, ce
manuel de l'amour naïf; livre qui semble une
page de l'enfance du monde, arrachée à l'histoire
du cœur humain et conservée toute pure et toute
trempée de larmes contagieuses pour les yeux de
seize ans.

L'autre était un volume de Tacite, pages tachées

de débauche, de honte et de sang, mais où la vertu stoïque prend le burin et l'apparente impassibilité de l'histoire pour inspirer à ceux qui la comprennent la haine de la tyrannie, la puissance des grands dévouements et la soif des généreuses morts.

Ces trois livres se trouvaient par hasard correspondre aux trois sentiments qui faisaient dès lors, comme par pressentiment, vibrer nos jeunes âmes : l'amour, l'enthousiasme pour l'affranchissement de l'Italie et de la France, et enfin la passion pour l'action politique et pour le mouvement des grandes choses dont Tacite nous présentait l'image, et pour lesquelles il trempait nos âmes de bonne heure dans le sang de son pinceau et dans le feu de la vertu antique. Nous lisions haut et tour à tour, tantôt admirant, tantôt pleurant, tantôt rêvant. Nous entrecoupions ces lectures de longs silences et de quelques exclamations échangées, qui étaient pour nous le commentaire irréfléchi de nos impressions, et que le vent emportait avec nos rêves.

IV

Nous nous placions nous-mêmes par la pensée dans quelques-unes de ces situations fictives ou réelles que le poëte ou l'historien venait de raconter pour nous. Nous nous faisions un idéal d'amant ou de citoyen, de vie cachée ou de vie publique, de félicité ou de vertu. Nous nous plaisions à combiner ces grandes circonstances, ces merveilleux hasards; ces temps de révolution, où les hommes les plus obscurs sont révélés à la foule par le génie et appelés, comme par leurs noms, à combattre la tyrannie et à sauver les nations; puis, victimes de l'instabilité et de l'ingratitude des peuples, condamnés à mourir sur l'échafaud, en face du temps qui les méconnaît et de la postérité qui les venge.

Il n'y avait pas de rôle, quelque héroïque qu'il fût, qui n'eût trouvé nos âmes au niveau des situations. Nous nous préparions à tout, et si la fortune, un jour, ne réalisait pas ces grandes épreuves où nous nous précipitions en idée, nous nous vengions d'avance en la méprisant. Nous avions en nous-mêmes cette consolation des âmes fortes, que, si notre vie restait inutile, vulgaire et obscure, c'était la fortune qui nous manquerait, ce n'était pas nous qui aurions manqué à la fortune !

V

Quand le soleil baissait, nous faisions de longues courses à travers l'île. Nous la traversions dans tous les sens. Nous allions à la ville acheter le pain ou les légumes qui manquaient au jardin d'Andréa. Quelquefois nous rapportions un peu de tabac, cet

opium du marin, qui l'anime en mer et qui le con-
sole à terre. Nous rentrions à la nuit tombante, les
poches et les mains pleines de nos modestes mu-
nificences. La famille se rassemblait, le soir, sur
le toit qu'on appelle à Naples l'*astrico*, pour attendre
les heures du sommeil. Rien de si pittoresque,
dans les belles nuits de ce climat, que la scène de
l'astrico, au clair de la lune.

A la campagne, la maison basse et carrée ressemble à un piédestal antique, qui porte des groupes vivants et des statues animées. Tous les habitants de la maison y montent, s'y meuvent ou s'y
assoient dans des attitudes diverses ; la clarté de la
lune ou les lueurs de la lampe projettent et des-
sinent ces profils sur le fond bleu du firmament.
On y voit la vieille mère filer, le père fumer sa pipe
de terre cuite, à la tête de roseau ; les jeunes gar-
çons s'accouder sur le rebord et chanter en longues
notes traînantes ces airs marins ou champêtres,
dont l'accent prolongé ou vibrant a quelque chose
de la plainte du bois torturé par les vagues ou de
la vibration stridente de la cigale au soleil ; les
jeunes filles enfin, avec leurs robes courtes, leurs
pieds nus, leurs soubrevestes vertes et galonnées
d'or et de soie, et leurs longs cheveux noirs flottants sur leurs épaules, enveloppés d'un mouchoir
noué sur la nuque à gros nœuds, pour préserver
leur chevelure de la poussière.

Elles y dansent souvent seules ou avec leurs
sœurs; l'une tient une guitare, l'autre élève sur sa
tête un tambour de basque entouré de sonnettes
de cuivre. Ces deux instruments, l'un plaintif et
léger, l'autre monotone et sourd, s'accordent mer-
veilleusement pour rendre presque sans art les deux
notes alternatives du cœur de l'homme : la tristesse
et la joie. On les entend, pendant les nuits d'été,
sur presque tous les toits des îles ou de la campagne de Naples, même sur les barques. Ce con-
cert aérien, qui poursuit l'oreille de site en site,
depuis la mer jusqu'aux montagnes, ressemble aux
bourdonnements d'un insecte de plus, que la chaleur fait naître et bourdonner sous ce beau ciel !
Ce pauvre insecte, c'est l'homme, qui chante quelques jours devant Dieu sa jeunesse et ses amours,
et puis qui se tait pour l'éternité. Je n'ai jamais pu
entendre ces notes répandues dans l'air du haut
des astricos, sans m'arrêter et sans me sentir le
cœur serré, prêt à éclater de joie intérieure ou de
mélancolie plus forte que moi.

VI

Telles étaient aussi les attitudes, les musiques et
les voix sur la terrasse du toit d'Andréa. Graziella jouait de la guitare, et Beppino, faisant re-
bondir ses doigts d'enfant sur le petit tambour qui

avait servi autrefois à l'endormir dans son berceau, accompagnait sa sœur. Bien que les instruments fussent gais et que les attitudes fussent celles de la joie, les airs étaient tristes; les notes, lentes et rares, allaient profondément pincer les fibres endormies du cœur. Il en est ainsi de la musique partout où elle n'est pas un vain jeu de l'oreille, mais un gémissement harmonieux des passions qui sort de l'âme par la voix. Tous ses accents sont des soupirs, toutes ses notes roulent des pleurs avec le son. On ne peut jamais frapper un peu fort sur le cœur de l'homme sans qu'il en sorte des larmes : tant la nature est pleine, au fond, de tristesse ! et tant ce qui la remue en fait monter de lie à nos lèvres et de nuages à nos yeux!...

VII

Même quand la jeune fille, sollicitée par nous, se levait modestement pour danser la tarentelle au son du tambourin frappé par son frère, et qu'emportée par le mouvement tourbillonnant de cette danse nationale elle tournoyait sur elle-même, les bras gracieusement élevés, imitant avec ses doigts le claquement des castagnettes et précipitant les pas de ses pieds nus, comme des gouttes de pluie sur la terrasse; oui, même alors, il y avait dans l'air, dans les attitudes, dans la frénésie même de ce délire en action, quelque chose de sérieux et de triste, comme si toute joie n'eût été qu'une démence passagère, et comme si, pour saisir un éclair de bonheur, la jeunesse et la beauté même avaient besoin de s'étourdir jusqu'au vertige et de s'enivrer de mouvement jusqu'à la folie !

VIII

Plus souvent nous nous entretenions gravement avec nos hôtes ; nous leur faisions raconter leur vie, leurs traditions ou leurs souvenirs de famille. Chaque famille est une histoire et même un poëme pour qui sait la feuilleter. Celle-ci avait aussi sa noblesse, sa richesse, son prestige dans le lointain.

L'aïeul d'Andréa était un négociant grec de l'île d'Égine. Persécuté pour sa religion par le pacha d'Athènes, il avait embarqué une nuit sa femme, ses filles, ses fils, sa fortune, dans un des navires qu'il possédait pour le commerce. Il s'était réfugié à Procida, où il avait des correspondants et où la population était grecque comme lui. Il y avait acheté de grands biens dont il ne restait plus de vestige que la petite métairie où nous étions, et le nom des ancêtres gravé sur quelques tombeaux dans le cimetière de la ville. Les filles étaient mortes religieuses dans le monastère de l'île. Les fils avaient perdu toute la fortune dans les tempêtes qui avaient englouti leurs navires. La famille était tombée en décadence. Elle avait échangé jusqu'à son beau nom grec contre un nom obscur de pêcheur de Procida. « Quand une maison s'écroule, on finit par en balayer jusqu'à la dernière pierre, nous disait Andréa. De tout ce que mon aïeul possédait sous le ciel, il ne reste rien que mes deux rames, la barque que vous m'avez rendue, cette cabane qui ne peut pas nourrir ses maîtres, et la grâce de Dieu. »

IX

La mère et la jeune fille nous demandaient de leur dire à notre tour qui nous étions, où était notre pays, que faisaient nos parents ; si nous avions notre père, notre mère, des frères, des sœurs, une maison, des figuiers, des vignes ; pourquoi nous avions quitté tout cela si jeunes, pour venir ramer, lire, écrire, rêver au soleil et coucher sur la terre dans le golfe de Naples. Nous avions beau dire, nous ne pouvions jamais leur faire comprendre que c'était pour regarder le ciel et la mer, pour évaporer notre âme au soleil, pour sentir fermenter en nous notre jeunesse et pour recueillir des impressions, des sentiments, des idées que nous écririons peut-être ensuite en vers, comme ceux qu'ils voyaient écrits dans nos livres, ou comme ceux que les improvisateurs de Naples récitaient le dimanche soir aux marins, sur le môle ou à la Margellina.

« Vous voulez vous moquer de moi, nous disait Graziella en éclatant de rire ; vous des poëtes ! mais vous n'avez pas les cheveux hérissés et les yeux hagards de ceux qu'on appelle de ce nom sur les quais de la Marine ! Vous des poëtes ! et vous ne savez même pas pincer une note sur la guitare. Avec quoi donc accompagnerez-vous les chansons que vous ferez ? »

Puis elle secouait la tête en faisant la moue avec ses lèvres et en s'impatientant de ce que nous ne voulions pas dire la vérité.

X

Quelquefois un vilain soupçon traversait son âme et jetait du doute et une ombre de crainte dans son regard. Mais cela ne durait pas. Nous l'entendions dire tout bas à sa grand'mère : « Non, cela n'est pas possible ; ce ne sont pas des réfugiés chassés de leur pays pour une mauvaise action. Ils sont trop jeunes et trop bons pour connaître le mal. » Nous nous amusions alors à lui faire le récit de quelques forfaits bien sinistres, dont nous nous déclarions les auteurs. Le contraste de nos fronts calmes et limpides, de nos yeux sereins, de nos lèvres souriantes et de nos cœurs ouverts, avec les crimes

5

fantastiques que nous supposions avoir commis, la faisait rire aux éclats ainsi que son frère et dissipait vite toute possibilité de défiance.

XI

Graziella nous demandait souvent qu'est-ce que nous lisions donc tout le jour dans nos livres. Elle croyait que c'étaient des prières; car elle n'avait jamais vu de livres qu'à l'église, dans la main des fidèles qui savaient lire et qui suivaient les paroles saintes du prêtre. Elle nous croyait très-pieux, puisque nous passions des journées entières à balbutier des paroles mystérieuses. Seulement elle s'étonnait que nous ne nous fissions pas prêtres ou ermites dans un séminaire de Naples ou dans quelque monastère des îles. Pour la détromper, nous essayâmes de lire deux ou trois fois, en les traduisant en langue vulgaire du pays, des passages de Foscolo et quelques beaux fragments de notre Tacite. Nous pensions que ces soupirs patriotiques de l'exilé italien et ces grandes tragédies de la Rome impériale feraient une forte impression sur notre naïf auditoire; car le peuple a de la patrie dans les instincts, de l'héroïsme dans le sentiment et du drame dans le coup d'œil. Ce qu'il retient, ce sont surtout les grandes chutes et les belles morts. Mais nous nous aperçûmes vite que ces déclama-

tions et ces scènes si puissantes sur nous n'avaient
point d'effet sur ces âmes simples. Le sentiment de
la liberté politique, cette aspiration des hommes
de loisir, ne descend pas si bas dans le peuple.

Ces pauvres pêcheurs ne comprenaient pas pourquoi Ortis se désespérait et se tuait, puisqu'il pouvait jouir de toutes les vraies voluptés de la vie :
se promener sans rien faire, voir le soleil, aimer
sa maîtresse et prier Dieu sur les rives vertes et
grasses de la Brenta. « Pourquoi se tourmenter
ainsi, disaient-ils, pour des idées qui ne pénètrent
point jusqu'au cœur? Que lui importe que ce soient
les Autrichiens ou les Français qui règnent à Milan? C'est un fou de se faire tant de chagrin pour
de telles choses. » Et ils n'écoutaient plus.

XII

Quant à Tacite, ils l'entendaient moins encore.
L'empire ou la république, ces hommes qui s'entre-
tuaient, les uns pour régner, les autres pour ne
pas survivre à la servitude, ces crimes pour le
trône, ces vertus pour la gloire, ces morts pour la
postérité, les laissaient froids. Ces orages de l'histoire éclataient trop au-dessus de leurs têtes pour
qu'ils en fussent affectés. C'était pour eux comme
des tonnerres hors de portée sur la montagne, qu'on
laisse rouler sans s'en inquiéter, parce qu'ils ne

tombent que sur les cimes, et qu'ils n'ébranlent pas la voile du pêcheur ni la maison du métayer.

Tacite n'est populaire que pour les politiques ou pour les philosophes; c'est le Platon de l'histoire. Sa sensibilité est trop raffinée pour le vulgaire. Pour le comprendre, il faut avoir vécu dans les tumultes de la place publique ou dans les mystérieuses intrigues du palais. Otez la liberté, l'ambition et la gloire à ces scènes; qu'y reste-t-il? Ce sont les trois grands acteurs de ces drames. Or, ces trois passions sont inconnues au peuple, parce que ce sont des passions de l'esprit et qu'il n'a que les passions du cœur. Nous nous en aperçûmes à la froideur et à l'étonnement que ces fragments répandaient autour de nous.

Nous essayâmes alors, un soir, de leur lire *Paul et Virginie*. Ce fut moi qui le traduisis en lisant, parce que j'avais tant l'habitude de le lire, que je le savais pour ainsi dire par cœur. Familiarisé par un plus long séjour en Italie avec la langue, les expressions ne me coûtaient rien à trouver et coulaient de mes lèvres comme une langue maternelle. A peine cette lecture eut-elle commencé, que les physionomies de notre petit auditoire changèrent et prirent une expression d'attention et de recueillement, indice certain de l'émotion du cœur. Nous avions rencontré la note qui vibre à l'unisson dans l'âme de tous les hommes, de tous les âges et de toutes les conditions, la note sensible, la note universelle, celle qui renferme dans un seul son l'éternelle vérité de l'art : la nature, l'amour de Dieu.

XIII

Je n'avais encore lu que quelques pages, et déjà vieillards, jeune fille, enfant, tout avait changé d'attitude. Le pêcheur, le coude sur son genou et l'oreille penchée de mon côté, oubliait d'aspirer la fumée de sa pipe. La vieille grand'mère, assise en face de moi, tenait ses deux mains jointes sous son menton, avec le geste des pauvres femmes qui écoutent la parole de Dieu, accroupies sur le pavé des temples. Beppo était descendu du mur de la terrasse, où il était assis tout à l'heure. Il avait placé sans bruit sa guitare sur le plancher. Il posait sa main à plat sur le manche, de peur que le vent ne fît résonner ses cordes. Graziella, qui se tenait ordinairement un peu loin, se rapprochait insensiblement de moi, comme si elle eût été fascinée par une puissance d'attraction cachée dans le livre.

Adossée au mur de la terrasse, au pied duquel j'étais étendu moi-même, elle se rapprochait de plus en plus de mon côté, appuyée sur sa main gauche, qui portait à terre, dans l'attitude du gladiateur blessé. Elle regardait avec de grands yeux bien ouverts tantôt le livre, tantôt mes lèvres, d'où coulait le récit ; tantôt le vide entre mes lèvres et le livre, comme si elle eût cherché du regard l'invisible esprit qui me l'interprétait. J'entendais son souffle inégal s'interrompre ou se précipiter, suivant les palpitations du drame, comme l'haleine essoufflée de quelqu'un qui gravit une montagne et qui se repose pour respirer de temps en temps. Avant que je fusse arrivé au milieu de l'histoire, la pauvre enfant avait oublié sa réserve un peu sauvage avec moi. Je sentais la chaleur de sa respiration sur mes mains. Ses cheveux frissonnaient sur mon front. Deux ou trois larmes brûlantes, tombées de ses joues, tachaient les pages tout près de mes doigts.

XIV

Excepté ma voix lente et monotone, qui traduisait littéralement à cette famille de pêcheurs ce poëme du cœur, on n'entendait aucun bruit que les coups sourds et éloignés de la mer, qui battait la côte là-bas sous nos pieds. Ce bruit même était en harmonie avec la lecture. C'était comme le dénoûment pressenti de l'histoire, qui grondait d'avance dans l'air au commencement et pendant le cours du récit. Plus ce récit se déroulait, plus il semblait

attacher nos simples auditeurs. Quand j'hésitais, par
hasard, à trouver l'expression juste pour rendre le
mot français, Graziella, qui depuis quelque temps
tenait la lampe abritée contre le vent par son tablier, l'approchait tout près des pages et brûlait
presque le livre dans son impatience, comme si elle
eût pensé que la lumière du feu allait faire jaillir le
sens intellectuel à mes yeux et éclore plus vite les
paroles sur mes lèvres. Je repoussais, en souriant,
la lampe de la main sans détourner mon regard de
la page, et je sentais mes doigts tout chauds de
ses pleurs.

XV

Quand je fus arrivé au moment où Virginie,
rappelée en France par sa tante, sent, pour ainsi
dire, le déchirement de son être en deux, et s'ef-
force de consoler Paul sous les bananiers, en lui
parlant de retour et en lui montrant la mer qui va
l'emporter, je fermai le volume et je remis la lecture au lendemain.

Ce fut un coup au cœur des pauvres gens. Graziella se mit à genoux devant moi, puis devant
mon ami, pour nous supplier d'achever l'histoire.
Mais ce fut en vain. Nous voulions prolonger l'intérêt pour elle, le charme de l'épreuve pour nous.
Elle arracha alors le livre de mes mains ; elle l'ouvrit, comme si elle eût pu, à force de volonté, en

comprendre les caractères. Elle lui parla, elle l'embrassa ; elle le remit respectueusement sur mes genoux, en joignant les mains et en me regardant en suppliante.

Sa physionomie, si sereine et si souriante dans le calme, mais un peu austère, avait pris tout à coup dans la passion et dans l'attendrissement sympathique de ce récit quelque chose de l'animation, du désordre et du pathétique du drame. On eût dit qu'une révolution subite avait changé ce beau marbre en chair et en larmes. La jeune fille sentait son âme jusque-là dormante se révéler à elle dans l'âme de Virginie. Elle semblait avoir mûri de six ans dans cette demi-heure. Les teintes orageuses de la passion marbraient son front, le blanc azuré de ses yeux et de ses joues. C'était comme une eau calme et abritée, où le soleil, le vent et l'ombre seraient venus à lutter tout à coup pour la première fois. Nous ne pouvions nous lasser de la regarder dans cette attitude. Elle, qui jusque-là ne nous avait inspiré que de l'enjouement, nous inspira presque du respect. Mais ce fut en vain qu'elle nous conjura de continuer; nous ne voulûmes pas user notre puissance en une seule fois, et ses belles larmes nous plaisaient trop à faire couler pour en tarir la source en un jour. Elle se retira en boudant et éteignit sa lampe avec colère.

XVI

Le lendemain, quand je la revis sous les treilles et que je voulus lui parler, elle se détourna comme quelqu'un qui cache ses larmes et refusa de me répondre. On voyait à ses yeux bordés d'un léger cercle noir, à la pâleur plus mate de ses joues et à une légère et gracieuse dépression des coins de sa bouche, qu'elle n'avait pas dormi, et que son cœur était encore gros des chagrins imaginaires de la veillée. Merveilleuse puissance d'un livre qui agit sur le cœur d'une enfant illettrée et d'une famille ignorante avec toute la force d'une réalité, et dont la lecture est un événement dans la vie du cœur!

C'est que, de même que je traduisais le poëme, le poëme avait traduit la nature, et que ces événements si simples, le berceau de ces deux enfants aux pieds de deux pauvres mères, leurs amours innocents, leur séparation cruelle, ce retour trompé par la mort, ce naufrage et ces deux tombeaux n'enfermant qu'un seul cœur, sous les bananiers, sont des choses que tout le monde sent et comprend, depuis le palais jusqu'à la cabane du pêcheur. Les poëtes cherchent le génie bien loin, tandis qu'il est dans le cœur et que quelques notes bien simples, touchées pieusement et par hasard sur cet instrument monté par Dieu même, suffisent pour faire pleurer tout un siècle et pour de-

venir aussi populaires que l'amour et aussi sympa-
thiques que le sentiment. Le sublime lasse, le beau
trompe, le pathétique seul est infaillible dans l'art.
Celui qui sait attendrir sait tout. Il y a plus de génie
dans une larme que dans tous les musées et dans
toutes les bibliothèques de l'univers. L'homme est
comme l'arbre qu'on secoue pour en faire tomber
ses fruits : on n'ébranle jamais l'homme sans qu'il
en tombe des pleurs.

XVII

Tout le jour, la maison fut triste comme s'il
était arrivé un événement douloureux dans l'humble famille. On se réunit pour prendre les repas,
sans presque se parler; on se sépara; on se re-
trouva sans sourire. On voyait que Graziella n'avait
point le cœur à ce qu'elle faisait, en s'occupant
dans le jardin ou sur le toit. Elle regardait souvent
si le soleil baissait, et de cette journée il était
visible qu'elle n'attendait que le soir.

Quand le soir fut venu et que nous eûmes repris
tous nos places ordinaires sur l'astrico, je rouvris le
livre et j'achevai la lecture au milieu des sanglots.
Père, mère, enfants, mon ami, moi-même, tous
participaient à l'émotion générale. Le son morne
et grave de ma voix se pliait, à mon insu, à la tristesse des aventures et à la gravité des paroles. Elles

semblaient, à la fin du récit, venir de loin et tomber de haut dans l'âme, avec l'accent creux d'une poitrine vide où le cœur ne bat plus et qui ne participe plus aux choses de la terre que par la tristesse, la religion et le souvenir.

XVIII

Il nous fut impossible de prononcer de vaines paroles après ce récit. Graziella resta immobile et sans geste, dans l'attitude où elle était en écoutant, comme si elle écoutait encore. Le silence, cet applaudissement des impressions durables et vraies, ne fut interrompu par personne : chacun respectait dans les autres les pensées qu'il sentait en soi-même. La lampe, presque consumée, s'éteignit insensiblement sans qu'aucun de nous y portât la main pour la ranimer. La famille se leva et se retira furtivement. Nous restâmes seuls, mon ami et moi, confondus de la toute-puissance de la vérité, de la simplicité et du sentiment sur tous les hommes, sur tous les âges et sur tous les pays.

Peut-être une autre émotion remuait-elle aussi le fond de notre cœur. La ravissante image de Graziella, transfigurée par ses larmes, initiée à la douleur par l'amour, flottait dans nos rêves avec la céleste création de Virginie. Ces deux noms et ces deux enfants, confondus dans des apparitions er-

rantes, enchantèrent et attristèrent notre sommeil
agité jusqu'au matin. Le soir de ce jour et les deux
jours qui suivirent, il fallut relire deux fois à la
jeune fille le même récit. Nous l'aurions relu cent
fois de suite qu'elle ne se serait pas lassée de le demander encore. C'est le caractère des imaginations
du Midi, rêveuses et profondes, de ne pas chercher
la variété dans la poésie ou dans la musique : la
musique et la poésie ne sont, pour ainsi dire, que
des thèmes sur lesquels chacun brode ses propres
sentiments ; on s'y nourrit, sans satiété, comme le
peuple, du même récit et du même air pendant des
siècles. La nature elle-même, cette musique et
cette poésie suprême, qu'a-t-elle autre chose que
deux ou trois paroles et deux ou trois notes, toujours les mêmes, avec lesquelles elle attriste ou en-
chante les hommes, depuis le premier soupir jusqu'au dernier ?

XIX

Au lever du soleil, le neuvième jour, le vent de
l'équinoxe tomba enfin, et en peu d'heures la mer
redevint une mer d'été. Les montagnes mêmes de
la côte de Naples, ainsi que les eaux et le ciel,
semblaient nager dans un fluide plus limpide et
plus bleu que pendant le mois des grandes cha-
leurs, comme si la mer, le firmament et les montagnes eussent déjà senti ce premier frisson de

l'hiver, qui cristallise l'air et le fait étinceler comme
l'eau figée des glaciers. Les feuilles jaunies de la
vigne et les feuilles brunies des figuiers commen-
çaient à tomber et à joncher la cour. Les raisins
étaient cueillis. Les figues séchées sur l'astrico au
soleil étaient emballées dans des paniers grossiers
d'herbes marines tressées en nattes par les femmes.
La barque était pressée d'essayer la mer, et le
vieux pêcheur de ramener sa famille à la Margellina. On nettoya la maison et le toit; on couvrit la
source d'une grosse pierre, pour que les feuilles
séchées et les eaux d'hiver n'en corrompissent pas
le bassin. On épuisa d'huile le petit puits creusé
dans la roche. On mit l'huile dans les jarres; les
enfants les descendirent à la mer en passant de petits bâtons dans les anses. On fit un paquet entouré
de cordes du matelas et des couvertures du lit. On
alluma une dernière fois la lampe sous l'image
abandonnée du foyer. On fit une dernière prière
devant la Madone pour lui recommander la maison,
le figuier, la vigne que l'on quittait ainsi pour plusieurs mois, puis l'on ferma la porte. On cacha la
clef au fond d'une fente de rocher recouverte de
lierre, pour que le pêcheur, s'il revenait pendant
l'hiver, sût où la trouver, et qu'il pût visiter son
toit. Nous descendîmes ensuite à la mer, aidant la
pauvre famille à emporter et à embarquer l'huile,
les pains et les fruits.

CHAPITRE TROISIÈME.

I

Notre retour à Naples, en longeant le fond du golfe de Baïa et les pentes sinueuses du Pausilippe, fut une véritable fête pour la jeune fille, pour les enfants, pour nous, un triomphe pour Andréa. Nous rentrâmes à la Margellina à nuit close et en chantant. Les vieux amis et les voisins du pêcheur ne se lassaient pas d'admirer sa nouvelle barque. Ils l'aidèrent à la décharger et à la tirer à terre. Comme nous lui avions défendu de dire à qui il la devait, on fit peu d'attention à nous.

Après avoir tiré l'embarcation sur la grève et porté les paniers de figues et de raisins au-dessus de la cave d'Andréa, près du seuil de trois chambres basses habitées par la vieille mère, les petits enfants et Graziella, nous nous retirâmes inaperçus. Nous traversâmes, non sans serrement de cœur, le tumulte bruyant des rues populeuses de Naples, et nous rentrâmes dans nos logements.

II

Nous nous proposions, après quelques jours de
repos à Naples, de reprendre la même vie avec le
pêcheur toutes les fois que la mer le permettrait.
Nous nous étions si bien accoutumés à la simplicité
de nos costumes et à la nudité de la barque depuis
trois mois, que le lit, les meubles de nos chambres
et nos habits de ville nous semblaient un luxe gê-
nant et fastidieux. Nous espérions bien ne les reprendre que pour peu de jours. Mais le lendemain,
en allant chercher à la poste nos lettres arriérées,
mon ami en trouva une de sa mère. Elle rappelait
son fils sans retard en France, pour le mariage de
sa sœur. Son beau-frère devait venir au-devant de
lui jusqu'à Rome. D'après les dates, il devait déjà y
être arrivé. Il n'y avait pas à atermoyer, il fallait
partir.

J'aurais dû partir avec lui. Je ne sais quel attrait
d'isolement et d'aventure me retenait. La vie du
marin, la cabane du pêcheur, l'image de Graziella
y étaient peut-être bien pour quelque chose, mais
confusément. Le vertige de la liberté, l'orgueil de
me suffire à moi-même à trois cents lieues de mon
pays, la passion du vague et de l'inconnu, cette
perspective aérienne des jeunes imaginations, y
étaient pour davantage.

Nous nous séparâmes avec un mâle attendrissement. Il me promit de venir me rejoindre aussitôt qu'il aurait satisfait à ses devoirs de fils et de frère. Il me prêta cinquante louis pour combler le vide que ces six mois avaient fait dans ma bourse, et il partit.

III

Ce départ, l'absence de cet ami, qui était pour moi ce qu'un frère plus âgé est à un frère presque enfant, me laissèrent dans un isolement que toutes les heures m'approfondissaient, et dans lequel je me sentais enfoncé comme dans un abîme. Toutes mes pensées, tous mes sentiments, toutes mes paroles, qui s'évaporaient autrefois en les échangeant avec lui, me restaient dans l'âme, s'y corrompaient, s'y attristaient et me retombaient sur le cœur comme un poids que je ne pouvais plus soulever. Ce bruit où rien ne m'intéressait, cette foule où personne ne savait mon nom, cette chambre où aucun regard ne me répondait, cette vie d'auberge où l'on coudoie sans cesse des inconnus, où l'on s'assied à une table muette à côté d'hommes toujours nouveaux et toujours indifférents; ces livres qu'on a lus cent fois, et dont les caractères immobiles vous redisent toujours les mêmes mots, dans la même phrase et à la même place; tout cela, qui m'avait semblé si délicieux à Rome et à Naples, avant nos excursions et notre vie vagabonde et errante de l'été, me semblait maintenant une mort lente. Je me noyais le cœur de mélancolie.

Je traînai quelques jours cette tristesse de rue en rue, de théâtre en théâtre, de lecture en lecture, sans pouvoir la secouer. Je tombai malade de ce qu'on appelle le mal du pays. Ma tête était lourde, mes jambes ne pouvaient me porter. J'étais pâle et défait. Je ne mangeais plus. Le silence m'attristait; le bruit me faisait mal; je passais les nuits sans sommeil et les jours couché sur mon lit, sans avoir l'envie ni même la force de me lever. Le vieux parent de ma mère, le seul qui pût s'intéresser à moi, était allé passer plusieurs mois à trente lieues de Naples dans les Abbruzzes, où il voulait établir des manufactures. Je demandai un médecin; il vint, me regarda, me tâta le pouls et me dit que je n'avais aucun mal. La vérité, c'est que j'avais un mal auquel la médecine n'avait pas de remède, un mal d'âme et d'imagination. Il s'en alla. Je ne le revis plus.

IV

Cependant je me sentis si mal le lendemain, que je cherchai dans ma mémoire de qui je pourrais attendre quelque secours et quelque pitié, si je venais à ne pas me relever. L'image de la pauvre fa-

mille de la Margellina, au milieu de laquelle je vi-
vais encore en souvenir, me revint naturellement
à l'esprit. J'envoyai un enfant qui me servait chercher Andréa et lui dire que le plus jeune des deux
étrangers était malade et demandait à le voir.

Quand l'enfant porta son message, Andréa était
en mer avec Beppino ; la grand'mère était occupée
à vendre les poissons sur le quai de Chiaïa. Graziella seule était à la maison avec ses petits frères.
Elle prit à peine le temps de les confier à une voisine, de se vêtir de ses habits les plus neufs de Procitane, et elle suivit l'enfant, qui lui montra la rue,
le vieux couvent, et la précéda sur l'escalier.

J'entendis frapper doucement à la porte de ma
chambre. La porte s'ouvrit comme poussée par
une main invisible : j'aperçus Graziella. Elle jeta
un cri de pitié en me voyant. Elle fit quelques pas
en s'élançant vers mon lit ; puis, se retenant et
s'arrêtant debout, les mains entrelacées et pendantes sur son tablier, la tête penchée sur l'épaule
gauche dans l'attitude de la pitié : « Comme il est
pâle ! se dit-elle tout bas ; et comment si peu de
jours ont-ils pu lui changer à ce point le visage ?
Et où est l'autre ? se dit-elle en se retournant et en
cherchant des yeux mon compagnon ordinaire
dans la chambre.

— Il est parti, lui dis-je, et je suis seul et inconnu à Naples.

— Parti? dit-elle. En vous laissant seul et malade
ainsi! Il ne vous aimait donc pas? Ah! si j'avais été à
sa place, je ne serais pas partie, moi; et pourtant
je ne suis pas votre frère, et je ne vous connais que
depuis le jour de la tempête! »

V

Je lui expliquai que je n'étais pas malade quand
mon ami m'avait quitté. « Mais comment, reprit-elle
vivement et avec un ton de reproche moitié tendre,
moitié calme, n'avez-vous pas pensé que vous aviez
d'autres amis à la Margellina? Ah! je le vois, ajouta-
t-elle tristement et en regardant ses manches et le
bas de sa robe, c'est que nous sommes des pauvres
gens et que nous vous aurions fait honte en en-
trant dans cette belle maison. C'est égal, poursui-
vit-elle en s'essuyant les yeux, qu'elle n'avait pas
cessé de tenir attachés sur mon front et sur mes
bras affaissés, quand même on nous eût méprisés,
nous serions toujours venus.

— Pauvre Graziella, répondis-je en souriant, Dieu
me garde du jour où j'aurai honte de ceux qui
m'aiment! »

VI

Elle s'assit sur une chaise au pied de mon lit,
et nous causâmes un peu.

Le son de sa voix, la sérénité de ses yeux, l'a-
bandon confiant et calme de son attitude, la naïveté de sa physionomie, l'accent à la fois saccadé
et plaintif de ces femmes des îles, qui rappelle,
comme dans l'Orient, le ton soumis de l'esclave
dans les palpitations mêmes de l'amour, la mémoire enfin des belles journées de la cabane passées au soleil avec elle ; ces soleils de Procida qui
me semblaient encore ruisseler de son front, de
son corps et de ses pieds dans ma chambre morne ;
tout cela, pendant que je la regardais et que je
l'écoutais, m'enlevait tellement à ma langueur et à
ma souffrance, que je me crus subitement guéri.
Il me semblait qu'aussitôt qu'elle serait sortie, j'allais me lever et marcher. Cependant je me sentais
si bien par sa présence, que je prolongeais la conversation tant que je pouvais, et que je la retenais
sous mille prétextes, de peur qu'elle ne s'en allât
trop vite en emportant le bien-être que je ressentais.

Elle me servit une partie du jour sans crainte,
sans réserve affectée, sans fausse pudeur, comme
une sœur qui sert son frère, sans penser qu'il est un
homme. Elle alla m'acheter des oranges. Elle en
mordait l'écorce avec ses belles dents pour en enle-
ver la peau et pour en faire jaillir le jus dans mon
verre en les pressant avec ses doigts. Elle détacha
de son cou une petite médaille d'argent qui pendait

par un cordon noir et se cachait dans sa poitrine.
Elle l'attacha avec une épingle au rideau blanc de
mon lit. Elle m'assura que je serais bientôt guéri
par la vertu de la sainte image. Puis le jour com-
mençant à baisser, elle me quitta, non sans revenir
vingt fois de la porte à mon lit pour s'informer de
ce que je pourrais désirer encore, et pour me faire
des recommandations plus vives de prier bien dé-
votement l'image avant de m'endormir.

VII

Soit vertu de l'image et des prières qu'elle lui fit
sans doute elle-même, soit influence calmante de
cette apparition de tendresse et d'intérêt que j'avais
eue sous les traits de Graziella, soit que la distraction charmante que sa présence et son entretien m'avaient donnée eût caressé et apaisé l'aga-
cement maladif de tout mon être, à peine fut-elle
sortie que je m'endormis d'un sommeil tranquille
et profond.

Le lendemain, à mon réveil, en apercevant les
écorces d'oranges qui jonchaient le plancher de ma
chambre, la chaise de Graziella tournée encore
vers mon lit, comme si elle l'avait laissée et
comme si elle allait s'y rasseoir encore, la petite
médaille pendue à mon rideau par le collier de
soie noire, et toutes ces traces de cette présence et

de ces soins de femme qui me manquaient depuis si
longtemps, il me sembla, d'abord mal éveillé, que
ma mère ou une de mes sœurs était entrée le soir
dans ma chambre. Ce ne fut qu'en ouvrant tout à
fait les yeux et en rappelant mes pensées une à
une, que la figure de Graziella m'apparut telle que
je l'avais vue la veille.

Le soleil était si pur, le repos avait si bien for-
tifié mes membres, la solitude de ma chambre me
pesait tant sur le cœur, le besoin d'entendre de
nouveau le son d'une voix connue me pressait si
fort, que je me levai aussitôt, tout faible et tout
chancelant que j'étais ; je mangeai le reste des
oranges, je montai dans un *corricolo* de place, et
je me fis conduire instinctivement du côté de la
Margellina.

VIII

Arrivé près de la petite maison basse d'Andréa,
je montai l'escalier qui menait à la plate-forme au-
dessus de la cave, et sur laquelle s'ouvraient les
chambres de la famille. Je trouvai sur l'astrico
Graziella, la grand'mère, le vieux pêcheur, Beppino et les enfants. Ils se disposaient à sortir au
même moment, dans leurs plus beaux habits, pour
venir me voir. Chacun d'eux portait dans un pa-
nier, ou dans un mouchoir, ou à la main, un présent de ce que ces pauvres gens avaient imaginé

devoir être plus agréable ou plus salutaire à un
malade : celui-ci un fiasque de vin blanc doré
d'Ischia, fermé, en guise de liége, par un bou-
chon de romarin et d'herbes aromatiques qui par-
fument le vase ; celle-là des figues sèches ; celle-ci
des nèfles ; les petits enfants des oranges. Le cœur
de Graziella avait passé dans tous les membres de
la famille.

IX

Ils jetèrent un cri de surprise en me voyant apparaître encore pâle et faible, mais debout et souriant devant eux. Graziella laissa rouler de joie à
terre les oranges qu'elle tenait dans son tablier, et,
se frappant les mains l'une contre l'autre, elle
courut à moi : « Je vous l'avais bien dit, s'écria-
t-elle, que l'image vous guérirait si elle couchait
seulement une nuit sur votre lit. Vous avais-je
trompé ? » Je voulus lui rendre l'image, et je la
pris dans mon sein, où je l'avais mise en sortant.
« Baisez-la avant, » me dit-elle. Je la baisai, et un
peu aussi le bout de ses doigts qu'elle avait tendus
pour me la reprendre. « Je vous la rendrai si vous
retombez malade, ajouta-t-elle en la remettant à
son cou et en la glissant dans son sein ; elle servira
à deux. »

Nous nous assîmes sur la terrasse, au soleil du
matin. Ils avaient l'air tous aussi joyeux que s'ils

eussent recouvré un frère ou un enfant de retour
après un long voyage. Le temps, qui est nécessaire
à la formation des amitiés intimes dans les hautes
classes, ne l'est pas dans les classes inférieures.
Les cœurs s'ouvrent sans défiance, ils se soudent
tout de suite, parce qu'il n'y a pas d'intérêt soup-
çonné sous les sentiments. Il se forme plus de
liaison et de parenté d'âme en huit jours parmi les
hommes de la nature qu'en dix ans parmi les
hommes de la société. Cette famille et moi nous
étions déjà parents.

Nous nous informâmes réciproquement de ce
qui nous était survenu de bien ou de mal depuis
que nous nous étions séparés. La pauvre maison
était en veine de bonheur. La barque était bénie.
Les filets étaient heureux. La pêche n'avait jamais
autant rendu. La grand'mère ne suffisait pas au
soin de vendre les poissons au peuple devant sa
porte; Beppino, fier et fort, valait un marin de
vingt ans, quoiqu'il n'en eût que douze. Graziella
enfin apprenait un état bien au-dessus de l'humble
profession de sa famille. Son salaire, déjà haut
pour le travail d'une jeune fille, et qui monterait
davantage encore avec son talent, suffirait pour
habiller et nourrir ses petits frères, et pour lui
faire une dot à elle-même quand elle serait *en âge
et en idée de faire l'amour.*

C'étaient les expressions de ses parents. Elle

était *corailleuse*, c'est-à-dire elle apprenait à travailler le corail. Le commerce et la manufacture du corail formaient alors la principale richesse de l'industrie des villes de la côte d'Italie. Un des oncles de Graziella, frère de la mère qu'elle avait perdue, était contre-maître dans la principale fabrique de corail de Naples. Riche pour son état, et dirigeant de nombreux ouvriers des deux sexes qui ne pouvaient suffire aux demandes de cet objet de luxe par toute l'Europe, il avait pensé à sa nièce, et il était venu peu de jours avant l'enrôler parmi ses ouvrières. Il lui avait apporté le corail, les outils, et lui avait donné les premières leçons de son art très-simple. Les autres ouvrières travaillaient en commun à la manufacture.

Graziella, dans l'absence continuelle et forcée de sa grand'mère et du pêcheur, étant la gardienne unique des enfants, exerçait son métier à la maison. Son oncle, qui ne pouvait pas s'absenter souvent, envoyait depuis quelque temps à la jeune fille son fils aîné, cousin de Graziella, jeune homme de vingt ans, sage, modeste, rangé, ouvrier d'élite, mais simple d'esprit, rachitique et un peu contrefait dans sa taille. Il venait le soir, après la fermeture de la fabrique, examiner le travail de sa cousine, la perfectionner dans le maniement des outils et lui donner aussi les premières leçons de lecture, d'écriture et de calcul.

« Espérons, me dit tout bas la grand'mère pendant
que Graziella détournait les yeux, que cela tour-
nera au profit des deux, et que le maître deviendra
le serviteur de sa fiancée. » Je vis qu'il y avait une
pensée d'orgueil et d'ambition pour sa petite-fille
dans l'esprit de la vieille femme. Mais Graziella ne
s'en doutait pas.

X

La jeune fille me mena par la main dans sa
chambre pour me faire admirer les petits ouvrages
de corail qu'elle avait déjà tournés et polis. Ils
étaient proprement rangés sur du coton dans de
petits cartons sur le pied de son lit. Elle voulut en
façonner un morceau devant moi. Je faisais tourner la roue du petit tour avec le bout de mon pied,
en face d'elle, pendant qu'elle présentait la branche rouge de corail à la scie circulaire qui la cou-
pait en grinçant. Elle arrondissait ensuite ces morceaux en les tenant du bout des doigts et en les
usant contre la meule.

La poussière rose couvrait ses mains, et, volant
quelquefois jusqu'à son visage, saupoudrait ses
joues et ses lèvres d'un léger fard qui faisait paraître ses yeux plus bleus et plus resplendissants.
Puis elle s'essuya en riant et secoua ses cheveux
noirs, dont la poussière me couvrit à mon tour.

« N'est-ce pas, dit-elle, c'est un bel état pour
une fille de la mer comme moi ? Nous lui devons
tout, à la mer, depuis la barque de mon grand-
père et le pain que nous mangeons, jusqu'à ces
colliers et à ces pendants d'oreilles dont je me pa-
rerai peut-être un jour, quand j'en aurai tant poli
et tant façonné pour de plus riches et de plus
belles que moi. »

La matinée se passa ainsi à causer, à folâtrer, à
travailler sans que l'idée me vînt de m'en aller. Je
partageai, à midi, le repas de la famille. Le soleil,
le grand air, le contentement d'esprit, la frugalité
de la table, qui ne portait que du pain, un peu de
poisson frit et des fruits conservés dans la cave,
m'avaient rendu l'appétit et les forces. J'aidai le
père, après midi, à raccommoder les mailles d'un
vieux filet étendu sur l'astrico.

Graziella, dont nous entendions le pied cadencé
faisant tourner la meule, le bruit du rouet de la
grand'mère et les voix des enfants qui jouaient
avec les oranges sur le seuil de la maison, accom-
pagnaient mélodieusement notre travail. Graziella
sortait de temps en temps pour secouer ses cheveux sur le balcon ; nous échangions un regard,
un mot amical, un sourire. Je me sentais heureux,
sans savoir de quoi, jusqu'au fond de l'âme. J'aurais voulu être une des plantes d'aloès enracinées
dans les clôtures du jardin, ou un des lézards qui

se chauffaient au soleil auprès de nous sur la terrasse, et qui habitaient avec cette pauvre famille les fentes du mur de la maison.

XI

Mais mon âme et mon visage s'assombrissaient à mesure que baissait le jour. Je devenais triste en pensant qu'il fallait regagner ma chambre de voyageur. Graziella s'en aperçut la première. Elle alla dire quelques mots bas à l'oreille de sa grand'mère.

« Pourquoi nous quitter ainsi? dit la vieille femme comme si elle eût parlé à un de ses enfants. N'étions-nous pas bien ensemble à Procida? Ne sommes-nous pas les mêmes à Naples? Vous avez l'air d'un oiseau qui a perdu sa mère et qui rôde en criant autour de tous les nids. Venez habiter le nôtre, si vous le trouvez assez bon pour un *monsieur* comme vous. La maison n'a que trois chambres, mais Beppino couche dans la barque. Celle des enfants suffira bien à Graziella, pourvu qu'elle puisse travailler le jour dans celle où vous dormirez. Prenez la sienne, et attendez ici le retour de votre ami; car un jeune homme bon et triste comme vous, seul dans les rues de Naples, cela fait de la peine à penser. »

Le pêcheur, Beppino, les petits enfants même,

qui aimaient déjà l'étranger, se réjouirent de l'idée de la bonne femme. Ils insistèrent vivement, et tous ensemble, pour me faire accepter son offre. Graziella ne dit rien, mais elle attendait, avec une anxiété visible, voilée par une distraction feinte, ma réponse aux instances de ses parents. Elle frappait du pied, par un mouvement convulsif et involontaire, à toutes les raisons de discrétion que je donnais pour ne pas accepter.

Je levai à la fin les yeux sur elle. Je vis qu'elle avait le blanc des yeux plus humide et plus brillant qu'à l'ordinaire, et qu'elle froissait entre ses doigts et brisait une à une les branches d'une plante de basilic qui végétait dans un pot de terre sur le balcon. Je compris ce geste mieux que de longs discours. J'acceptai la communauté de vie qu'on m'offrait. Graziella battit des mains et sauta de joie en courant, sans se retourner, dans sa chambre, comme si elle eût voulu me prendre au mot sans me laisser le temps de me rétracter.

XII

Graziella appela Beppino. En un instant, son frère et elle emportèrent dans la chambre des enfants son lit, ses pauvres meubles, son petit miroir entouré de bois peint, la lampe de cuivre, les deux ou trois images de la Vierge qui pen-

daient aux murs attachées par des épingles, la
table et le petit tour où elle travaillait le corail. Ils
puisèrent de l'eau dans le puits, en répandirent
avec la paume de la main sur le plancher, ba-
layèrent avec soin la poudre de corail sur la muraille et sur les dalles ; ils placèrent sur l'appui de
la fenêtre les deux pots les plus verts et les plus
odorants de baume et de réséda qu'ils purent trouver sur l'astrico. Ils n'auraient pas préparé et poli
avec plus de soin la chambre des noces, si Beppo
eût dû amener le soir sa fiancée dans la maison
de son père. Je les aidais en riant à ce badinage.

Quand tout fut prêt, j'emmenai Beppino et le
pêcheur avec moi, pour acheter et rapporter le peu
de meubles qui m'étaient nécessaires. J'achetai un
petit lit de fer complet, une table de bois blanc,
deux chaises de jonc, une petite brasière en cuivre
où l'on brûle, les soirs d'hiver, pour se chauffer,
les noyaux enflammés d'olives : ma malle, que
j'envoyai prendre dans ma cellule, contenait tout
le reste. Je ne voulais pas perdre une nuit de cette
vie heureuse qui me rendait comme une famille.
Le soir même, je couchai dans mon nouveau loge-
ment. Je ne me réveillai qu'au cri joyeux des hirondelles, qui entraient dans ma chambre par une
vitre cassée de la fenêtre, et à la voix de Graziella,
qui chantait dans la chambre à côté en accompa-
gnant son chant du mouvement cadencé de son tour.

XIII

J'ouvris la fenêtre, qui donnait sur de petits jardins de pêcheurs et de blanchisseuses encaissés dans le rocher du mont Pausilippe et dans la place de la Margellina.

Quelques blocs de grès brun avaient roulé jusque dans ces jardins et tout près de la maison. De gros figuiers, qui poussaient à demi écrasés sous ces rochers, les saisissaient de leurs bras tortueux et blancs et les recouvraient de leurs larges feuilles immobiles. On ne voyait de ce côté de la maison, dans ces jardins du pauvre peuple, que quelques puits surmontés d'une large roue, qu'un âne faisait tourner, pour arroser par des rigoles de fenouil les choux maigres et les navets ; des femmes séchant le linge sur des cordes tendues de citronnier en citronnier ; des petits enfants en chemise jouant ou pleurant sur les terrasses de deux ou trois maisonnettes blanches éparses dans les jardins. Cette vue si bornée, si vulgaire et si livide des faubourgs d'une grande ville, me parut délicieuse en comparaison des façades hautes, des rues profondément encaissées et de la foule bruyante des quartiers que je venais de quitter. Je respirais de l'air pur, au lieu de la poussière, du feu, de la fumée de cette atmosphère humaine que je venais

de respirer. J'entendais le braiment des ânes,
le chant du coq, le bruissement des feuilles, le
gémissement alternatif de la mer, au lieu de ces
roulements de voitures, de ces cris aigus du peuple et de ce tonnerre incessant de tous les bruits
stridents qui ne laissent dans les rues des grandes
villes aucune trêve à l'oreille et aucun apaisement
à la pensée.

Je ne pouvais m'arracher de mon lit, où je sa-
vourais délicieusement ce soleil, ces bruits champêtres, ces vols d'oiseaux, ce repos, à peine ridé, de
la pensée ; et puis, en regardant la nudité des
murs, le vide de la chambre, l'absence des meubles, je me réjouissais en pensant que cette pauvre
maison du moins m'aimait, et qu'il n'y a ni tapis,
ni tentures, ni rideaux de soie qui vaillent un peu
d'attachement. Tout l'or du monde n'achèterait
pas un seul battement de cœur ni un seul rayon
de tendresse dans le regard à des indifférents.

Ces pensées me berçaient doucement dans mon
demi-sommeil : je me sentais renaître à la santé
et à la paix. Beppino entra plusieurs fois dans ma
chambre, pour savoir si je n'avais besoin de rien.
Il m'apporta sur mon lit du pain et des raisins
que je mangeai en jetant des grains et des miettes
aux hirondelles. Il était près de midi. Le soleil entrait à pleins rayons dans ma chambre avec sa
douce tiédeur d'automne quand je me levai. Je

convins avec le pêcheur et sa femme du taux d'une petite pension que je donnerais par mois, pour le loyer de ma cellule, et pour ajouter quelque chose à la dépense du ménage. C'était bien peu, ces braves gens trouvaient que c'était trop. On voyait que, loin de chercher à gagner sur moi, ils souffraient intérieurement de ce que leur pauvreté et la frugalité trop restreinte de leur vie ne leur permettaient pas de m'offrir une hospitalité dont ils eussent été plus fiers si elle ne m'avait rien coûté. On ajouta deux pains à ceux qu'on achetait chaque matin pour la famille, un peu de poisson bouilli ou frit à dîner, du laitage ou des fruits secs pour le soir, de l'huile pour ma lampe, de la braise pour les jours froids : ce fut tout. Quelques *grains* de cuivre, petite monnaie du peuple à Naples, suffisaient par jour à ma dépense. Je n'ai jamais mieux compris combien le bonheur était indépendant du luxe, et combien on en achète davantage avec un denier de cuivre qu'avec une bourse d'or, quand on sait le trouver où Dieu l'a caché.

XIV

Je vécus ainsi pendant les derniers mois de l'automne et pendant les premiers mois de l'hiver. L'éclat et la sérénité de ces mois de Naples les font confondre avec ceux qui les ont précédés.

Rien ne troublait la monotone tranquillité de notre
vie. Le vieillard et son petit-fils ne s'aventuraient
plus en pleine mer, à cause des coups de vent
fréquents de cette saison. Ils continuaient à pêcher
le long de la côte, et leur poisson, vendu sur la
marine par la mère, fournissait amplement à leur
vie sans besoins.

Graziella se perfectionnait dans son art ; elle
grandissait et embellissait encore dans la vie plus
douce et plus sédentaire qu'elle menait depuis
qu'elle travaillait au corail. Son salaire, que son
oncle lui apportait le dimanche, lui permettait
non-seulement de tenir ses petits frères plus propres et mieux vêtus et de les envoyer à l'école,
mais encore de donner à sa grand'mère et de se
donner à elle-même quelques parties de costumes
plus riches et plus élégants, particuliers aux femmes de leur île : des mouchoirs de soie rouge pour
pendre, derrière la tête, en long triangle sur les
épaules ; des souliers sans talon, qui n'emboîtent
que les doigts du pied, brodés de paillettes d'argent ; des soubrevestes de soie rayée de noir et de
vert : ces vestes, galonnées sur les coutures, flottent ouvertes sur les hanches ; elles laissent apercevoir par devant la finesse de la taille et les contours du cou orné de colliers ; enfin de larges
boucles d'oreilles ciselées, où les fils d'or s'entre-
lacent avec de la poussière de perles. Les pauvres

femmes des îles grecques portent ces parures et
ces ornements. Aucune détresse ne les forcerait à
s'en défaire. Dans les climats où le sentiment de la
beauté est plus vif que sous notre ciel, et où la vie
n'est que l'amour, la parure n'est pas un luxe aux
yeux de la femme : elle est sa première et presque
sa seule nécessité.

XV

Quand, le dimanche et les jours de fête, Graziella
ainsi vêtue sortait de sa chambre sur la terrasse,
avec quelques fleurs de grenades rouges ou de
lauriers-roses sur le côté de la tête, dans ses cheveux noirs ; quand, en écoutant le son des cloches
de la chapelle voisine, elle passait et repassait devant ma fenêtre comme un paon qui se mire au
soleil sur le toit ; quand elle traînait languissam-
ment ses pieds emprisonnés dans ses babouches
émaillées en les regardant, et puis qu'elle relevait
sa tête avec un ondoiement habituel du cou pour
faire flotter le mouchoir de soie et ses cheveux sur
ses épaules, quand elle s'apercevait que je la regardais, elle rougissait un peu, comme si elle eût
été honteuse d'être si belle ; il y avait des moments où le nouvel éclat de sa beauté me frappait
tellement, que je croyais la voir pour la première
fois, et que ma familiarité ordinaire avec elle se

changeait en une sorte de timidité et d'éblouisse-
ment.   .

Mais elle cherchait si peu à éblouir, et son instinct naturel de parure était si exempt de tout
orgueil et de toute coquetterie, qu'aussitôt après
les saintes cérémonies elle se hâtait de se dépouil-
ler de ses riches parures et de revêtir la simple
veste de gros drap vert, la robe d'indienne rayée
de rouge et de noir, et de remettre à ses pieds les
pantoufles au talon de bois blanc, qui résonnaient
tout le jour sur la terrasse comme les babouches
retentissantes des femmes esclaves de l'Orient.

Quand ses jeunes amies ne venaient pas la chercher, ou que son cousin ne l'accompagnait pas à
l'église, c'était souvent moi qui la conduisais et
qui l'attendais, assis sur les marches du péristyle.
A sa sortie, j'entendais avec une sorte d'orgueil
personnel, comme si elle eût été ma sœur ou ma
fiancée, les murmures d'admiration que sa gracieuse figure excitait parmi ses compagnes et
parmi les jeunes marins des quais de la Margellina.
Mais elle n'entendait rien, et, ne voyant que moi
dans la foule, me souriait du haut de la première
marche, faisait son dernier signe de croix avec ses
doigts trempés d'eau bénite, et descendait modestement, les yeux baissés, les degrés au bas desquels
je l'attendais.

C'est ainsi que, les jours de fête, je la menais,

le matin et le soir, aux églises, seul et pieux divertissement qu'elle connût et qu'elle aimât. J'avais soin, ces jours-là, de rapprocher le plus possible mon costume de celui des jeunes marins de l'île, afin que ma présence n'étonnât personne et qu'on me prît pour le frère ou pour un parent de la jeune fille que j'accompagnais.

Les autres jours, elle ne sortait pas. Quant à moi, j'avais repris peu à peu ma vie d'étude et mes habitudes solitaires, distraites seulement par la douce amitié de Graziella et par mon adoption dans sa famille. Je lisais les historiens, les poëtes de toutes les langues. J'écrivais quelquefois; j'essayais, tantôt en italien, tantôt en français, d'épancher en prose ou en vers ces premiers bouillonnements de l'âme, qui semblent peser sur le cœur jusqu'à ce que la parole les ait soulagés en les exprimant.

Il semble que la parole soit la seule prédestination de l'homme, et qu'il ait été créé pour enfanter son fruit. L'homme se tourmente jusqu'à ce qu'il ait produit au dehors ce qui le travaille au dedans. Sa parole écrite est comme un miroir dont il a besoin pour se connaître lui-même et pour s'assurer qu'il existe. Tant qu'il ne s'est pas vu dans ses œuvres, il ne se sent pas complétement vivant. L'esprit a sa puberté comme le corps.

J'étais à cet âge où l'âme a besoin de se nourrir

et de se multiplier par la parole. Mais, comme il
arrive toujours, l'instinct se produisait en moi
avant la force. Dès que j'avais écrit, j'étais mécontent de mon œuvre et je la rejetais avec dégoût.
Combien le vent et les vagues de la mer de Naples
n'ont-ils pas emporté et englouti, le matin, de
lambeaux de mes sentiments et de mes pensées de
la nuit, déchirés le jour et s'envolant sans regret
loin de moi !

XVI

Quelquefois Graziella, me voyant plus longtemps
enfermé et plus silencieux qu'à l'ordinaire, entrait
furtivement dans ma chambre pour m'arracher à
mes lectures ou à mes occupations. Elle s'avançait
sans bruit derrière ma chaise, elle se levait sur la
pointe des pieds pour regarder par-dessus mes
épaules, sans le comprendre, ce que je lisais ou ce
que j'écrivais ; puis, par un mouvement subit, elle
m'enlevait le livre ou m'arrachait la plume des
doigts en se sauvant. Je la poursuivais sur la terrasse, je me fâchais un peu : elle riait. Je lui par-
donnais ; mais elle me grondait sérieusement,
comme aurait pu faire une mère.

« Qu'est-ce que dit donc si longtemps aujour-
d'hui à vos yeux ce livre ? murmurait-elle avec
une impatience moitié sérieuse, moitié badine. Est-
ce que ces lignes noires, sur ce vilain vieux papier,

n'auront jamais fini de vous parler? Est-ce que vous
ne savez pas assez d'histoires pour nous en raconter
tous les dimanches et tous les soirs de l'année,
comme celle qui m'a tant fait pleurer à Procida?
Et à qui écrivez-vous, toute la nuit, ces longues
lettres que vous jetez le matin au vent de la mer?
Ne voyez-vous pas que vous vous faites mal, et que
vous êtes tout pâle et tout distrait quand vous avez
écrit ou lu si longtemps? Est-ce qu'il n'est pas plus
doux de parler avec moi, qui vous regarde, que
de parler des jours entiers avec ces morts ou avec
ces ombres qui ne vous écoutent pas? Dieu! que
n'ai-je donc autant d'esprit que ces feuilles de
papier? Je vous parlerais tout le jour, je vous di-
rais tout ce que vous me demanderiez, moi, et
vous n'auriez pas même besoin d'user ainsi vos
yeux et de brûler toute l'huile de votre lampe. »

Alors elle me cachait mon livre et mes plumes.
Elle m'apportait ma veste et mon bonnet de marin.
Elle me forçait de sortir pour me distraire. Je lui
obéissais en murmurant, mais en l'aimant.

CHAPITRE QUATRIÈME.

I

J'allais faire de longues courses à travers la ville,
sur les quais, dans la campagne ; mais ces courses
solitaires n'étaient pas tristes comme les premiers
jours de mon retour à Naples. Je jouissais délicieusement des spectacles de la ville, de la côte,
du ciel et des eaux. Le sentiment momentané de
mon isolement ne m'accablait plus ; il me recueil-
lait en moi-même et concentrait les forces de mon
cœur et de ma pensée. Je savais que des yeux et
des pensées amis me suivaient dans cette foule ou
dans ces déserts, et qu'au retour j'étais attendu par
des cœurs pleins de moi.

Je n'étais plus comme l'oiseau qui crie autour
des nids étrangers, suivant l'expression de la vieille
femme ; j'étais comme l'oiseau qui s'essaye à voler
à de longues distances de la branche qui le porte,
mais qui sait la route pour y revenir. Toute mon
affection pour mon ami absent avait reflué sur Graziella. Ce sentiment avait même quelque chose de

plus vif, de plus mordant, de plus attendri que
celui qui m'attachait à lui. Il me semblait que je
devais l'un à l'habitude et aux circonstances, mais
que l'autre était né de moi-même, et que je l'avais
conquis par mon propre choix.

Ce n'était pas de l'amour, je n'en avais ni l'agitation, ni la jalousie, ni la préoccupation passionnée ; c'était un repos délicieux du cœur, au lieu
d'être une fièvre douce de l'âme et des sens. Je ne
pensais ni à aimer autrement ni à être aimé davantage. Je ne savais pas si elle était un camarade,
un ami, une sœur ou autre chose pour moi ; je
savais seulement que j'étais heureux avec elle, et
elle heureuse avec moi.

Je ne désirais rien de plus, rien autrement. Je
n'étais pas à cet âge où l'on s'analyse à soi-même ce
qu'on éprouve, pour se donner une vaine défini-
tion de son bonheur. Il me suffisait d'être calme,
attaché et heureux, sans savoir de quoi ni pourquoi. La vie en commun, la pensée à deux, res-
serraient chaque jour l'innocente et douce familiarité entre nous, elle aussi pure dans son abandon
que j'étais calme dans mon insouciance.

II

Depuis trois mois que j'étais de la famille, que
j'habitais le même toit, que je faisais, pour ainsi

dire, partie de sa pensée, Graziella s'était si bien
habituée à me regarder comme inséparable de son
cœur, qu'elle ne s'apercevait peut-être pas elle-
même de toute la place que j'y tenais. Elle n'avait
avec moi aucune de ces craintes, de ces réserves,
de ces pudeurs qui s'interposent dans les relations
d'une jeune fille et d'un jeune homme, et qui souvent font naître l'amour des précautions mêmes
que l'on prend pour s'en préserver. Elle ne se doutait pas, et je me doutais à peine moi-même que
ces pures grâces d'enfant, écloses maintenant à
quelques soleils de plus, dans tout l'éclat d'une ma-
turité précoce, faisaient de sa beauté naïve une
puissance pour elle, une admiration pour tous et un
danger pour moi. Elle ne prenait aucun souci de
la cacher ou de la parer à mes yeux ; elle n'y pensait pas plus qu'une sœur ne pense si elle est belle
ou laide aux yeux de son frère. Elle n'en chaussait
pas plus souvent ses pieds nus quand elle habillait,
le matin, ses petits frères sur la terrasse au soleil,
ou qu'elle aidait sa grand'mère à balayer les
feuilles sèches tombées sur le toit. Elle entrait à
toute heure dans ma chambre toujours ouverte,
et s'asseyait aussi innocemment que Beppino sur
la chaise au pied de mon lit.

Je passais moi-même, les jours de pluie, des
heures entières seul avec elle dans la chambre à
côté, où elle dormait avec les petits enfants et où

elle travaillait le corail. Je l'aidais, en causant et en jouant, à son métier qu'elle m'apprenait. Moins adroit, mais plus fort qu'elle, je réussissais mieux à dégrossir les morceaux. Nous faisions ainsi double ouvrage, et dans un jour elle en gagnait deux.

Le soir, au contraire, quand les enfants et la famille étaient couchés, c'était elle qui devenait l'écolière et moi le maître. Je lui apprenais à lire et à écrire, en lui faisant épeler les lettres sur mes livres, et en lui tenant la main pour lui enseigner à les tracer. Son cousin ne pouvant pas venir tous les jours, c'était moi qui le remplaçais. Soit que ce jeune homme, contrefait et boiteux, n'inspirât pas à sa cousine assez d'attrait et de respect, malgré sa douceur, sa patience et la gravité de ses manières, soit qu'elle eût elle-même trop de distractions pendant ses leçons, elle faisait beaucoup moins de progrès avec lui qu'avec moi. La moitié de la soirée d'étude se passait à badiner, à rire, à contrefaire le pédagogue. Le pauvre jeune homme était trop épris de son élève et trop timide devant elle pour la gronder. Il faisait tout ce qu'elle voulait, pour que les beaux sourcils de la jeune fille ne prissent pas un pli d'humeur et pour que ses lèvres ne fissent pas leur petite moue. Souvent l'heure consacrée à lire se passait pour lui à éplucher des grains de corail, à dévider des écheveaux de laine sur le

bois de la quenouille de la grand'mère, ou à raccommoder des mailles au filet de Beppo. Tout lui
était bon, pourvu qu'au départ Graziella lui sourît
avec complaisance et lui dît *addio* d'un son de voix
qui voulût dire : « Au revoir ! »

III

Quand c'était avec moi, au contraire, la leçon
était sérieuse. Elle se prolongeait souvent jusqu'à
ce que nos yeux fussent lourds de sommeil. On
voyait, à sa tête penchée, à son cou tendu, à l'immobilité attentive de son attitude et de sa physionomie, que la pauvre enfant faisait tous ses efforts
pour réussir. Elle appuyait son coude sur mon
épaule pour lire dans le livre où mon doigt traçait
la ligne et lui indiquait le mot à prononcer. Quand
elle écrivait, je tenais ses doigts dans ma main
pour guider à demi sa plume.

Si elle faisait une faute, je la grondais d'un air
sévère et fâché ; elle ne répondait pas et ne s'im-
patientait que contre elle-même. Je la voyais quelquefois prête à pleurer ; j'adoucissais alors la voix
et je l'encourageais à recommencer. Si elle avait
bien lu et bien écrit, au contraire, on voyait qu'elle
cherchait d'elle-même sa récompense dans mon
applaudissement. Elle se retournait vers moi en
rougissant et avec des rayons de joie orgueilleuse

sur le front et dans les yeux, plus fière du plaisir qu'elle me donnait que du petit triomphe de son succès.

Je la récompensais en lui lisant quelques pages de *Paul et Virginie,* qu'elle préférait à tout, ou quelques belles strophes du Tasse, quand il décrit la vie champêtre des bergers chez lesquels Herminie habite, ou qu'il chante les plaintes ou le désespoir des deux amants. La musique de ces vers la faisait pleurer et rêver longtemps encore après que j'avais cessé de lire. La poésie n'a pas d'écho plus sonore et plus prolongé que le cœur de la jeunesse où l'amour va naître. Elle est comme le pressentiment de toutes les passions. Plus tard, elle en est comme le souvenir et le deuil. Elle fait pleurer ainsi aux deux époques extrêmes de la vie : jeunes, d'espérances, et vieux, de regrets.

IV

Les familiarités charmantes de ces longues et douces soirées à la lueur de la lampe, à la tiède chaleur du brasier d'olives sous nos pieds, n'amenaient jamais entre nous d'autres pensées ni d'autres intimités que ces intimités d'enfants. Nous étions défendus, moi par mon insouciance presque froide, elle par sa candeur et sa pureté. Nous nous séparions aussi tranquilles que nous nous étions

réunis, et un moment après ces longs entretiens,
nous dormions sous le même toit, à quelques pas
l'un de l'autre, comme deux enfants qui ont joué
ensemble le soir, et qui ne rêvent rien au delà de
leurs simples amusements. Ce calme des sentiments qui s'ignorent et qui se nourrissent d'eux-
mêmes aurait duré des années, sans une circonstance qui changea tout et qui nous révéla à
nous-mêmes la nature d'une amitié qui nous
suffisait pour être si heureux.

V

Cecco, c'était le nom du cousin de Graziella,
continuait à venir plus assidûment de jour en jour
passer les soirs d'hiver dans la famille du *marinaro*.
Bien que la jeune fille ne lui donnât aucune mar-
que de préférence et qu'il fût même l'objet habituel de ses badinages et un peu le jouet de sa
cousine, il était si doux, si patient et si humble
devant elle, qu'elle ne pouvait s'empêcher d'être
touchée de ses complaisances et de lui sourire par-
fois avec bonté. C'était assez pour lui. Il était de
cette nature de cœurs faibles, mais aimants, qui,
se sentant déshérités par la nature des qualités qui
font qu'on est aimé, se contentent d'aimer sans
retour, et qui se dévouent comme des esclaves
volontaires au service, sinon au bonheur de la

femme à qui ils assujettissent leur cœur. Ce ne
sont pas les plus nobles, mais ce sont les plus
touchantes natures d'attachement. On les plaint,
mais on les admire. Aimer pour être aimé, c'est de
l'homme; mais aimer pour aimer, c'est presque
de l'ange.

VI

Sous les traits les plus disgracieux, il y avait
quelque chose d'angélique dans l'amour du pauvre
Cecco. Aussi, bien loin d'être humilié ou jaloux
des familiarités ou des préférences dont j'étais à
ses yeux l'objet de la part de Graziella, il m'aimait
parce qu'elle m'aimait. Dans l'affection de sa cousine il ne demandait pas la première place ou la
place unique, mais la seconde ou la dernière : tout
lui suffisait. Pour lui plaire un moment, pour en
obtenir un regard de complaisance, un geste, un
mot gracieux, il serait venu me chercher au fond
de la France et me ramener à celle qui me préférait à lui. Je crois même qu'il m'eût haï si j'avais
fait de la peine à sa cousine.

Son orgueil était en elle comme son amour.
Peut-être aussi, froid à l'intérieur, réfléchi, sensé
et méthodique, tel que Dieu et son infirmité
l'avaient fait, calculait-il instinctivement que mon
empire sur les penchants de sa cousine ne serait

pas éternel; qu'une circonstance quelconque, mais
inévitable, nous séparerait; que j'étais étranger,
d'un pays lointain, d'une condition et d'une fortune
évidemment incompatibles avec celles de la fille
d'un marinier de Procida; qu'un jour ou l'autre
l'intimité entre sa cousine et moi se romprait
comme elle s'était formée; qu'elle lui resterait
alors, seule, abandonnée, désolée; que ce désespoir même fléchirait son cœur et le lui donnerait
brisé, mais tout entier. Ce rôle de consolateur et
d'ami était le seul auquel il pût prétendre; mais
son père avait une autre pensée pour lui.

VII

Le père, connaissant l'attachement de Cecco pour
sa nièce, venait la voir de temps en temps. Touché
de sa beauté, de sa sagesse, émerveillé des progrès rapides qu'elle faisait dans la pratique de son
art, dans la lecture et dans l'écriture; pensant d'ailleurs que les disgrâces de la nature ne permettaient pas à Cecco d'aspirer à d'autres tendresses
qu'à des tendresses de convenance et de famille, il
avait résolu de marier son fils à sa nièce. Sa fortune faite, et assez considérable pour un ouvrier,
lui permettait de regarder sa demande comme une
faveur à laquelle Andréa, sa femme et la jeune fille
ne penseraient même pas à résister. Soit qu'il eût

parlé de son projet à Cecco, soit qu'il eût caché sa
pensée pour lui faire une surprise de son bonheur,
il résolut de s'expliquer.

VIII

La veille de Noël, je rentrai plus tard que de
coutume pour prendre ma place au souper de famille. Je m'aperçus de quelque froideur et de quelque trouble dans la physionomie évidemment con-
trainte d'Andréa et de sa femme. Levant les yeux
sur Graziella, je vis qu'elle avait pleuré. La sérénité
et la gaieté étaient si habituelles sur son visage,
que cette expression inaccoutumée de tristesse la
couvrait comme d'un voile matériel. On eût dit
que l'ombre de ses pensées et de son cœur s'était
répandue sur ses traits. Je restai pétrifié et muet,
n'osant interroger ces pauvres gens ni parler à
Graziella, de peur que le seul son de ma voix ne
fît éclater son cœur, qu'elle paraissait à peine contenir.

Contre son habitude, elle ne me regardait pas.
Elle portait d'une main distraite les morceaux de
pain à sa bouche et faisait semblant de manger par
contenance; mais elle ne pouvait pas; elle jetait
le pain sous la table. Avant la fin du repas taci-
turne, elle prit le prétexte de mener coucher les
enfants; elle les entraîna dans leur chambre; elle

s'y renferma sans dire adieu ni à ses parents ni à moi, et nous laissa seuls.

Quand elle fut sortie, je demandai au père et à la mère quelle était la cause du sérieux de leurs pensées et de la tristesse de leur enfant. Alors ils me·racontèrent que le père de Cecco était venu dans la journée à la maison ; qu'il avait demandé leur petite-fille en mariage pour son fils ; que c'était un bien grand bonheur et une haute fortune pour la famille ; que Cecco aurait du bien ; que Graziella, qui était si bonne, prendrait avec elle et élèverait ses deux petits frères comme ses propres enfants ; que leurs vieux jours à eux-mêmes seraient ainsi assurés contre la misère ; qu'ils avaient consenti avec reconnaissance à ce mariage, qu'ils en avaient parlé à Graziella ; qu'elle n'avait rien répondu, par timidité et par modestie de jeune fille ; que son silence et ses larmes étaient l'effet de sa surprise et de son émotion, mais que cela passerait comme une mouche sur une fleur ; qu'entre le père de Cecco et eux il avait été convenu qu'on ferait les fiançailles après les fêtes de Noël.

IX

Ils parlaient encore que depuis longtemps je n'entendais déjà plus. Je ne m'étais jamais rendu compte à moi-même de l'attachement que j'avais pour Graziella. Je ne savais pas comment je l'aimais, si c'était de l'intimité pure, de l'amitié, de l'amour, de l'habitude ou de tous ces sentiments réunis que se composait mon inclination pour elle. Mais l'idée de voir aussi soudainement changées toutes ces douces relations de vie et de cœur qui s'étaient établies et comme cimentées à notre insu entre elle et moi; la pensée qu'on allait me la prendre pour la donner tout à coup à un autre; que, de ma compagne et de ma sœur qu'elle était à présent, elle allait me devenir étrangère et indifférente; qu'elle ne serait plus là; que je ne la verrais plus à toute heure; que je n'entendrais plus sa voix m'appeler; que je ne lirais plus dans ses yeux ce rayon, toujours levé sur moi, de lumière caressante et de tendresse, qui m'éclairait doucement le cœur et qui me rappelait ma mère et mes sœurs; le vide et la nuit profonde que je me figurais tout à coup autour de moi, là, le lendemain du jour où son mari l'aurait emmenée dans une autre maison; cette chambre où elle ne dormirait plus, la mienne où elle n'entrerait plus, cette table où je ne la verrais plus assise; cette terrasse où je n'entendrais plus le bruit de ses pieds nus ou de sa voix, le matin, à mon réveil; ces églises où je ne la conduirais plus les dimanches; cette barque où sa place resterait vide, et où je ne causerais plus qu'avec le vent et les flots; les images

pressées de toutes ces douces habitudes de notre
vie passée, qui me remontaient à la fois dans la
pensée et qui s'évanouissaient tout à coup pour
me laisser dans un abîme de solitude et de néant :
tout cela me fit sentir pour la première fois ce
qu'était pour moi la société de cette jeune fille, et
me montra trop qu'amour ou amitié, le sentiment
qui m'attachait à elle était plus fort que je ne le
croyais, et que le charme, inconnu à moi-même,
de ma vie sauvage à Naples, ce n'était ni la mer,
ni la barque, ni l'humble chambre dans la maison,
ni le pêcheur, ni sa femme, ni Beppo, ni les enfants, c'était un seul être, et que cet être disparu
de la maison, tout disparaissait à la fois. Elle de
moins dans ma vie présente, et il n'y avait plus
rien. Je le sentis : ce moment confus jusque-là, et
que je ne m'étais jamais confessé, me frappa d'un
tel coup, que tout mon cœur en tressaillit et que
j'éprouvai quelque chose de l'infini de l'amour par
l'infini de la tristesse dans laquelle mon cœur se
sentit à coup submergé.

X

Je rentrai en silence dans ma chambre. Je me
jetai tout habillé sur mon lit. J'essayai de lire,
d'écrire, de penser, de me distraire par quelque
travail d'esprit pénible capable de dominer mon

agitation. Tout fut inutile. L'agitation intérieure était si forte que je ne pus avoir deux pensées, et que l'accablement même de mes forces ne put pas amener le sommeil. Jamais l'image de Graziella ne m'avait apparu jusque-là aussi ravissante et aussi obstinée devant les yeux. J'en jouissais comme de quelque chose qu'on voit tous les jours, et dont on ne sent la douceur qu'en la perdant. Sa beauté même n'était rien pour moi jusqu'à ce jour ; je confondais l'impression que j'en ressentais avec l'effet de l'amitié que j'éprouvais pour elle et de celle que sa physionomie exprimait pour moi. Je ne savais pas qu'il y eût de l'admiration dans mon attachement; je ne soupçonnais pas la moindre passion dans sa tendresse.

Je ne me rendis pas bien compte de tout cela, même dans les longues circonvolutions de mon cœur pendant l'insomnie de cette nuit. Tout était confus dans ma douleur comme dans mes sensations. J'étais comme un homme étourdi d'un coup soudain, qui ne sait pas encore bien d'où il souffre, mais qui souffre de partout.

Je quittai mon lit avant qu'aucun bruit se fît entendre dans la maison. Je ne sais quel instinct me portait à m'éloigner pendant quelque temps, comme si ma présence eût dû troubler dans un pareil moment le sanctuaire de cette famille, dont le sort s'agitait ainsi devant un étranger.

Je sortis en avertissant Beppo que je ne reviendrais pas de quelques jours. Je pris au hasard la direction que me tracèrent mes premiers pas. Je suivis les longs quais de Naples, la côte de Rescina, de Portici, le pied du Vésuve; je pris des guides à Torre del Greco; je couchai sur une pierre, à la porte de l'ermitage de San Salvatore, aux confins où la nature habitée finit, où la région du feu commence. Comme le volcan était depuis quelque temps en ébullition et lançait à chaque secousse ces nuages de cendres et de pierres que nous entendions rouler la nuit jusque dans le ravin de lave qui est au pied de l'ermitage, mes guides refusèrent de m'accompagner plus loin. Je montai seul; je gravis péniblement le dernier cône en enfonçant mes pieds et mes mains dans une cendre épaisse et brûlante qui s'éboulait sous le poids de l'homme. Le volcan grondait et tonnait par moments. Les pierres calcinées et encore rouges pleuvaient çà et là autour de moi en s'éteignant dans la cendre. Rien ne m'arrêta. Je parvins jusqu'au rebord extrême du cratère; je m'assis. Je vis lever le soleil sur le golfe, sur la campagne et sur la ville éblouissante de Naples. Je fus insensible et froid à ce spectacle que tant de voyageurs viennent admirer de mille lieues. Je ne cherchais dans cette immensité de lumière, de mers, de côtes et d'édifices frappés du soleil, qu'un petit point

blanc au milieu du vert sombre des arbres, à l'extrémité de la colline du Pausilippe, où je croyais
distinguer la chaumière d'Andréa. L'homme a
beau regarder et embrasser l'espace, la nature entière ne se compose pour lui que de deux ou trois
points sensibles auxquels toute son âme aboutit.
Otez de la vie le cœur qui vous aime : qu'y reste-
t-il? Il en est de même de la nature. Effacez-en le
site et la maison que vos pensées cherchent ou que
vos souvenirs peuplent, ce n'est plus qu'un vide
éclatant, où le regard se plonge sans trouver ni
fond ni repos. Faut-il s'étonner après cela que les
sublimes scènes de la création soient contemplées
d'un œil si divers par les voyageurs? C'est que
chacun porte avec soi son point de vue. Un nuage
sur l'âme couvre et décolore plus la terre qu'un
nuage sur l'horizon. Le spectacle est dans le spec-
tateur. Je l'éprouvai.

XI

Je regardai tout; je ne vis rien. En vain je descendis comme un insensé, en me retenant aux
pointes de laves refroidies, jusqu'au fond du cratère. En vain je franchis des crevasses profondes
d'où la fumée et les flammes rampantes m'étouffaient et me brûlaient. En vain je contemplai les
grands champs de soufre et de sel cristallisés qui
ressemblaient à des glaciers coloriés par ces ha-

leines de feu : je restai aussi froid à l'admiration qu'au danger. Mon âme était ailleurs ; je voulais en vain la rappeler.

Je redescendis le soir à l'ermitage. Je congédiai mes guides ; je revins à travers les vignes de Pompéia. Je passai un jour entier à me promener dans les rues désertes de la ville engloutie. Ce tombeau, ouvert après deux mille ans et rendant au soleil ses rues, ses monuments, ses arts, me laissa aussi insensible que le Vésuve. L'âme de toute cette cendre a été balayée depuis tant de siècles par le vent de Dieu qu'elle ne me parlait plus au cœur. Je foulais sous mes pieds cette poussière d'hommes dans les rues de ce qui fut leur ville, avec autant d'indifférence que des amas de coquillages vides roulés par la mer sur ses bords. Le temps est une grande mer qui déborde, comme l'autre mer, de nos débris. On ne peut pas pleurer sur tous. A chaque homme ses douleurs, à chaque siècle sa pitié ; c'est bien assez.

En quittant Pompéia, je m'enfonçai dans les gorges boisées des montagnes de Castellamare et de Sorrente. J'y vécus quelques jours, allant d'un village à l'autre, et me faisant guider par les chevriers aux sites les plus renommés de leurs montagnes. On me prenait pour un peintre qui étudiait des points de vue, parce que j'écrivais de temps en temps quelques notes sur un petit livre de dessins que mon ami m'avait laissé. Je n'étais qu'une âme errante qui divaguait çà et là dans la campagne pour user les jours. Tout me manquait. Je me manquais à moi-même.

Je ne pus continuer plus longtemps. Quand les fêtes de Noël furent passées, et ce premier jour de l'année aussi, dont les hommes ont fait une fête comme pour séduire et fléchir le temps avec des joies et des couronnes, comme un hôte sévère qu'on veut attendrir, je me hâtai de rentrer à Naples. J'y rentrai la nuit et en hésitant, partagé entre l'impatience de revoir Graziella et la terreur d'apprendre que je ne la verrais plus. Je m'arrêtai vingt fois; je m'assis sur le rebord des barques en approchant de la Margellina.

Je rencontrai Beppo à quelques pas de la maison. Il jeta un cri de joie en me voyant, et il me sauta au cou comme un jeune frère. Il m'emmena vers sa barque et me raconta ce qui s'était passé en mon absence.

Tout était bien changé dans la maison. Graziella ne faisait plus que pleurer depuis que j'étais parti. Elle ne se mettait plus à table pour le repas. Elle ne travaillait plus au corail. Elle passait tous ses jours enfermée dans sa chambre sans vouloir répondre quand on l'appelait, et toutes ses nuits à se promener sur la terrasse. On disait dans le voisinage qu'elle était folle, ou qu'elle était tombée

innamorata. Mais lui savait bien que ce n'était pas
vrai.

Tout le mal venait, disait l'enfant, de ce qu'on
voulait la fiancer à Cecco et qu'elle ne le voulait
pas. Beppino avait tout vu et tout entendu. Le père
de Cecco venait tous les jours demander une réponse à son grand-père et à sa grand'mère. Ceux-
ci ne cessaient pas de tourmenter Graziella pour
qu'elle donnât enfin son consentement. Elle ne voulait pas en entendre parler; elle disait qu'elle se
sauverait plutôt à Genève. C'est pour le peuple
catholique de Naples une expression analogue à
celle-ci : « Je me ferais plutôt renégat. » C'est une
menace pire que celle du suicide : c'est le suicide
éternel de l'âme. Andréa et sa femme, qui ado-
raient Graziella, se désespéraient à la fois de sa
résistance et de la perte de leurs espérances d'éta-
blissement pour elle. Ils la conjuraient par leurs
cheveux blancs; ils lui parlaient de leur vieillesse,
de leur misère, de l'avenir des deux enfants. Alors
Graziella s'attendrissait. Elle recevait un peu mieux
le pauvre Cecco, qui venait de temps en temps s'asseoir humblement le soir à la porte de la chambre
de sa cousine et jouer avec les petits. Il lui disait
bonjour et adieu à travers la porte; mais il était
rare qu'elle lui répondît un seul mot. Il s'en allait
mécontent, mais résigné, et revenait le lendemain
toujours le même. « Ma sœur a bien tort, disait

Beppino. Cecco l'aime tant et il est si bon ! Elle
serait bien heureuse ! Enfin, ce soir, ajouta-t-il,
elle s'est laissé vaincre par les prières de mon
grand-père et de ma grand'mère et par les larmes
de Cecco. Elle a entr'ouvert un peu la porte, elle
lui a tendu la main ; il a passé une bague à son
doigt, et elle a promis qu'elle se laisserait fiancer
demain. Mais qui sait si demain elle n'aura pas un
nouveau caprice ? Elle qui était si douce et si gaie !
Mon Dieu ! qu'elle a changé ! Vous ne la reconnaî-
triez plus !... »

XII

Beppino se coucha dans la barque. Instruit ainsi
par lui de ce qui s'était passé, j'entrai dans la
maison.

Andréa et sa femme étaient seuls sur l'astrico.
Ils me revirent avec amitié et me comblèrent de
reproches tendres sur mon absence si prolongée.
Ils me racontèrent leurs peines et leurs espérances
touchant Graziella. « Si vous aviez été là, me dit
Andréa, vous qu'elle aime tant et à qui elle ne dit
jamais non, vous nous auriez bien aidés. Que nous
sommes contents de vous revoir ! C'est demain que
se font les fiançailles ; vous y serez ; votre présence
nous a toujours porté bonheur. »

Je sentis un frisson courir sur tout mon corps à
ces paroles de ces pauvres gens. Quelque chose

me disait que leur malheur viendrait de moi. Je
brûlais et je tremblais de revoir Graziella. J'affec-
tai de parler haut à ses parents, de passer et de
repasser devant sa porte comme quelqu'un qui ne
veut pas appeler, mais qui désire être entendu.
Elle resta sourde, muette, et ne parut pas. J'entrai
dans ma chambre et je me couchai. Un certain
calme que produit toujours dans l'âme agitée la
cessation du doute et la certitude de quoi que ce
soit, même du malheur, s'empara enfin de mon
esprit. Je tombai sur mon lit comme un poids
mort et sans mouvement. La lassitude des pensées
et des membres me jeta promptement dans des
rêves confus, puis dans l'anéantissement du sommeil.

XIII

Deux ou trois fois dans la nuit je me réveillai à
demi. C'était une de ces nuits d'hiver, plus rares,
mais plus sinistres qu'ailleurs, dans les climats
chauds et au bord de la mer. Les éclairs jaillis-
saient sans interruption à travers les fentes de mes
volets, comme les clignements d'un œil de feu sur
les murs de ma chambre. Le vent hurlait comme
des meutes de chiens affamés. Les coups sourds
d'une lourde mer sur la grève de la Margellina faisaient retentir toute la rive, comme si on y avait
jeté des blocs de rocher.

Ma porte tremblait et battait au souffle du vent. Deux ou trois fois il me sembla qu'elle s'ouvrait, qu'elle se refermait d'elle-même et que j'entendais des cris étouffés et des sanglots humains dans les sifflements et dans les plaintes de la tempête. Je crus même une fois avoir entendu résonner des paroles et prononcer mon nom par une voix en détresse qui aurait appelé au secours! Je me levai sur mon séant; je n'entendis plus rien : je crus que la tempête, la fièvre et les rêves m'absorbaient dans leurs illusions; je retombai dans l'assoupissement.

Le matin, la tempête avait fait place au plus pur soleil. Je fus réveillé par des gémissements véritables et par des cris de désespoir du pauvre pêcheur et de sa femme, qui se lamentaient sur le seuil de la porte de Graziella. La pauvre petite s'était enfuie pendant la nuit. Elle avait réveillé et embrassé les enfants en leur faisant signe de se taire. Elle avait laissé sur son lit tous ses plus beaux habits et ses boucles d'oreilles, ses colliers, le peu d'argent qu'elle possédait.

Le père tenait à la main un morceau de papier taché de quelques gouttes d'eau, qu'on avait trouvé attaché par une épingle sur le lit. Il y avait cinq ou six lignes qu'il me priait, éperdu, de lui lire. Je pris le papier. Il ne contenait que ces mots écrits en tremblant dans l'accès de la fièvre, et que j'avais peine à lire : « J'ai trop promis... une voix me dit

que c'est plus fort que moi... J'embrasse vos pieds.
Pardonnez-moi. J'aime mieux me faire religieuse.
Consolez Cecco et le *Monsieur*... Je prierai Dieu pour
lui et pour les petits. Donnez-leur tout ce que j'ai.
Rendez la bague à Cecco... »

A la lecture de ces lignes, toute la famille fondit
de nouveau en larmes. Les petits enfants, encore
tout nus, entendant que leur sœur était partie pour
toujours, mêlaient leurs cris aux gémissements des
deux vieillards et couraient dans toute la maison en
appelant Graziella.

XIV

Le billet tomba de mes mains. En voulant le ra-
masser, je vis à terre, sous ma porte, une fleur de
grenade que j'avais admirée le dimanche dernier
dans les cheveux de la jeune fille, et la petite médaille de dévotion qu'elle portait toujours dans son
sein, et qu'elle avait attachée quelques mois avant
à mon rideau pendant ma maladie. Je ne doutai
plus que ma porte ne se fût en effet ouverte et
refermée pendant la nuit; que les paroles et les
sanglots étouffés que j'avais cru entendre et que
j'avais pris pour les plaintes du vent ne fussent les
adieux et les sanglots de la pauvre enfant. Une
place sèche sur le seuil extérieur de l'entrée de
ma chambre, au milieu des traces de pluie qui

tachaient tout le reste de la terrasse, attestait que
la jeune fille s'était assise là pendant l'orage, qu'elle
avait passé sa dernière heure à se plaindre et à
pleurer, couchée ou agenouillée sur cette pierre.
Je ramassai la fleur de grenade et la médaille, et
je les cachai dans mon sein.

Les pauvres gens, au milieu de leur désespoir,
étaient touchés de me voir pleurer comme eux. Je
fis ce que je pus pour les consoler. Il fut convenu
que, s'ils retrouvaient leur fille, on ne lui parlerait·
plus de Cecco. Cecco lui-même, que Beppo était
·allé chercher, fut le premier à se sacrifier à la
paix de la maison et au retour de sa cousine. Tout
désespéré qu'il fût, on voyait qu'il était heureux
de ce que son nom était prononcé avec tendresse
dans le billet, et qu'il trouvait une sorte de consolation dans les adieux mêmes qui faisaient son
désespoir.

« Elle a pensé à moi pourtant, » se disait-il, et il
s'essuyait les yeux. Il fut à l'instant convenu entre
nous que nous n'aurions pas un instant de repos
avant d'avoir trouvé les traces de la fugitive.

Le père et Cecco sortirent à la hâte pour aller
s'informer dans les innombrables monastères de
femmes de la ville. Beppo et la grand'mère coururent chez toutes les jeunes amies de Graziella qu'ils
soupçonnèrent d'avoir reçu quelques confidences
de ses pensées et de sa fuite. Moi, étranger, je me

chargeai de visiter les quais, les ports de Naples et les portes de la ville pour interroger les gardes, les capitaines de navire, les mariniers, et pour savoir si aucun d'eux n'avait vu une jeune Procitane sortir de la ville et s'embarquer le matin.

La matinée se passa dans de vaines recherches. Nous rentrâmes tous silencieux et mornes à la maison pour nous raconter mutuellement nos démarches et pour nous consulter de nouveau. Personne, excepté les enfants, n'eut la force de porter un morceau de pain à la bouche. Andréa et sa femme s'assirent découragés sur le seuil de la chambre de Graziella. Beppino et Cecco retournèrent errer sans espoir dans les rues et dans les églises, que l'on rouvre le soir à Naples pour les litanies et les bénédictions.

XV

Je sortis seul après eux, et je pris tristement et au hasard la route qui mène à la grotte du Pausilippe. Je franchis la grotte; j'allai jusqu'au bord de la mer qui baigne la petite île de Nisida.

Du bord de la mer, mes yeux se portèrent sur Procida, qu'on voit blanchir de là comme une écaille de tortue sur le bleu des vagues. Ma pensée se reporta naturellement sur cette île et sur ces jours de fête que j'y avais passés avec Graziella.

Une inspiration m'y guidait. Je me souvins que la
jeune fille avait là une amie presque de son âge,
fille d'un pauvre habitant des chaumières voisines;
que cette jeune fille portait un costume particulier
qui n'était pas celui de ses compagnes. Un jour
que je l'interrogeais sur les motifs de cette différence dans ses habits, elle m'avait répondu qu'elle
était religieuse, bien qu'elle demeurât libre chez
ses parents, dans une espèce d'état intermédiaire
entre le cloître et la vie de famille. Elle me fit voir
l'église de son monastère. Il y en avait plusieurs
dans l'île, ainsi qu'à Ischia et dans les villages de
la campagne de Naples.

La pensée me vint que Graziella, voulant se
vouer à Dieu, serait peut-être allée se confier à
cette amie et lui demander de lui ouvrir les portes
de son monastère. Je ne m'étais pas donné le
temps de réfléchir, et j'étais déjà marchant à
grands pas sur la route de Pouzzoles, ville la
plus rapprochée de Procida où l'on trouve des
barques.

J'arrivai à Pouzzoles en moins d'une heure. Je
courus au port; je payai double deux rameurs
pour les déterminer à me jeter à Procida malgré
la mer forte et la nuit tombante. Ils mirent leur
barque à flot. Je saisis une paire de rames avec
eux. Nous doublâmes avec peine le cap Misène.
Deux heures après j'abordais l'île et je gravissais

8.

tout seul, tout essoufflé et tout tremblant, au milieu des ténèbres et aux coups de vent d'hiver, les
degrés de la longue rampe qui conduisait à la
cabane d'Andréa.

XVI

« Si Graziella est dans l'île, me disais-je, elle
sera venue d'abord là, par l'instinct naturel qui
pousse l'oiseau vers son nid et l'enfant vers la
maison de son père. Si elle n'y est plus, quelques
traces me diront qu'elle y a passé. Ces traces me
conduiront peut-être où elle est. Si je n'y trouve
ni elle ni traces d'elle, tout est perdu : les portes
de quelque sépulcre vivant se seront à jamais re-
fermées sur sa jeunesse. »

Agité de ce trouble terrible, je touchais au dernier degré. Je savais dans quelle fente de rocher
la vieille mère, en partant, avait caché la clef de
la maison. J'écartai le lierre et j'y plongeai la
main. Mes doigts y cherchaient à tâtons la clef,
tout crispés de peur de sentir le froid du fer, qui
ne m'eût plus laissé d'espérance...

La clef n'y était pas. Je poussai un cri étouffé
de joie et j'entrai à pas muets dans la cour. La
porte, les volets étaient fermés ; une légère lueur
qui s'échappait par les fentes de la fenêtre et qui
flottait sur les feuilles du figuier trahissait une

lampe allumée dans la demeure. Qui eût pu trouver la clef, ouvrir la porte, allumer la lampe, si ce n'était l'enfant de la maison? Je ne doutai pas que Graziella ne fût à deux pas de moi, et je tombai à genoux sur la dernière marche de l'escalier pour remercier l'ange qui m'avait guidé jusqu'à elle.

XVII

Aucun bruit ne sortait de la maison. Je collai mon oreille au seuil; je crus entendre le faible bruit d'une respiration et comme des sanglots au fond de la seconde chambre. Je fis trembler légèrement la porte, comme si elle eût été seulement ébranlée sur ses gonds par le vent, afin d'appeler peu à peu l'attention de Graziella, et pour que le son soudain et inattendu d'une voix humaine ne la tuât pas en l'appelant. La respiration s'arrêta. J'appelai alors Graziella à demi-voix, et avec l'accent le plus calme et le plus tendre que je pus trouver dans mon cœur. Un faible cri me répondit du fond de la maison.

J'appelai de nouveau, en la conjurant d'ouvrir à son ami, à son frère, qui venait seul, la nuit, à travers la tempête et guidé par son bon ange, la chercher, la découvrir, l'arracher à son désespoir, lui apporter le pardon de sa famille, le sien, et la ramener à son devoir, à son bonheur, à sa pauvre grand'mère, à ses chers petits enfants!

« Dieu! c'est lui! c'est mon nom! c'est sa voix! » s'écria-t-elle sourdement.

Je rappelai plus tendrement Graziellina, de ce nom de caresse que je lui donnais quelquefois quand nous badinions ensemble.

« Oh! c'est bien lui, dit-elle. Je ne me trompe pas, mon Dieu! c'est lui! »

Je l'entendis se soulever sur les feuilles sèches qui bruissaient à chacun de ses mouvements, faire un pas pour venir m'ouvrir, puis retomber de faiblesse ou d'émotion sans pouvoir aller plus avant.

XVIII

Je n'hésitai plus; je donnai un coup d'épaule de toutes les forces de mon impatience et de mon inquiétude à la vieille porte; la serrure céda et se détacha sous l'effort, et je me précipitai dans la maison.

La petite lampe, rallumée devant la Madone par Graziella, l'éclairait d'une faible lueur. Je courus au fond de la seconde chambre où j'avais entendu sa voix et sa chute, et où je la croyais évanouie. Elle ne l'était pas : seulement sa faiblesse avait trahi son effort; elle était retombée sur le tas de bruyère sèche qui lui servait de lit, et joignait les mains en me regardant. Ses yèux, animés par la fièvre, ouverts par l'étonnement, et alanguis par l'amour, brillaient fixes comme deux étoiles dont les lueurs tombent du ciel et qui semblent vous regarder.

Sa tête, qu'elle cherchait à relever, retombait de faiblesse sur les feuilles, renversée en arrière et comme si le cou était brisé. Elle était pâle comme l'agonie, excepté sur les pommettes des joues, teintes de quelques vives roses. Sa belle peau était marbrée de taches de larmes et de la poussière qui s'y était attachée. Son vêtement noir se confondait avec la couleur brune des feuilles répandues à terre, et sur lesquelles elle était couchée. Ses pieds nus, blancs comme le marbre, dépassaient de toute leur longueur le tas de bruyère et reposaient sur la pierre. Des frissons couraient sur tous ses membres et faisaient claquer ses dents comme des castagnettes dans une main d'enfant. Le mouchoir rouge qui enveloppait ordinairement les longues tresses noires de ses beaux cheveux était détaché et étendu comme un demi-voile sur son front, jusqu'au bord de ses yeux. On voyait qu'elle s'en était servie pour ensevelir son visage et ses larmes dans l'ombre comme dans l'immobilité anticipée d'un linceul, et qu'elle ne l'avait relevé qu'en entendant ma voix et en se plaçant sur son séant pour venir m'ouvrir.

XIX

Je me jetai à genoux à côté de la bruyère; je
pris ses deux mains glacées dans les miennes; je
les portai à mes lèvres pour les réchauffer sous
mon haleine; quelques larmes de mes yeux y tombèrent. Je compris, au serrement convulsif de ses
doigts, qu'elle avait senti cette pluie du cœur et
qu'elle m'en remerciait. J'ôtai ma capote de marin,
je la jetai sur ses pieds nus, je les enveloppai dans
les plis de la laine.

Elle me laissait faire, en me suivant seulement
des yeux avec une expression d'heureux délire,
mais sans pouvoir s'aider elle-même d'aucun mouvement, comme un enfant qui se laisse emmaillot-
ter et retourner dans son berceau. Je jetai ensuite
deux ou trois fagots de bruyère dans le foyer de la
première chambre, pour réchauffer un peu l'air;
je les allumai à la flamme de la lampe, et je revins
m'asseoir à terre à côté du lit de feuilles.

« Que je me sens bien! me dit-elle en parlant
tout bas, d'un ton doux, égal et monotone, comme
si sa poitrine eût perdu à la fois toute vibration et
tout accent, et n'eût plus conservé qu'une seule
note dans la voix. J'ai voulu en vain me le cacher
à moi-même, j'ai voulu en vain te le cacher toujours à toi. Je peux mourir, mais je ne peux pas

aimer un autre que toi. Ils ont voulu me donner un fiancé ; c'est toi qui es le fiancé de mon âme ! Je ne me donnerai pas à un autre sur la terre, car je me suis donnée en secret à toi ! Toi sur la terre ; ou Dieu dans le ciel ! c'est le vœu que j'ai fait le premier jour où j'ai compris que mon cœur était malade de toi. Je sais bien que je ne suis qu'une pauvre fille, indigne de toucher seulement tes pieds par ma pensée : aussi je ne t'ai jamais demandé de m'aimer. Je ne te demanderai jamais si tu m'aimes. Mais moi, je t'aime, je t'aime, je t'aime ! » Et elle semblait concentrer toute son âme dans ces trois mots. « Et maintenant, méprise-moi, raille-moi, foule-moi aux pieds ! Moque-toi de moi si tu veux, comme d'une folle qui rêve qu'elle est reine dans ses haillons. Livre-moi à la risée de tout le monde. Oui, je leur dirai moi-même : « Oui, je l'aime ! et si « vous aviez été à ma place, vous auriez fait comme « moi : vous seriez mortes, ou vous l'auriez aimé. »

XX

Je tenais les yeux baissés, n'osant les relever sur elle, de peur que mon regard ne lui en dît trop ou trop peu pour tant de délire. Cependant je relevai, à ces mots, mon front collé sur ses mains, et je balbutiai quelques paroles.

Elle me mit le doigt sur les lèvres : « Laisse-moi

tout dire. Maintenant je suis contente ; je n'ai plus de doute, Dieu s'est expliqué. Écoute :

« Hier, quand je me suis sauvée de la maison après avoir passé toute la nuit à combattre et à pleurer à ta porte, quand je suis arrivée ici à travers la tempête, j'y suis venue croyant ne plus te revoir jamais, et comme une morte qui marcherait d'elle-même à la tombe. Je devais me faire religieuse demain, aussitôt le jour venu. Quand je suis arrivée la nuit à l'île, et que je suis allée frapper au monastère, il était trop tard, la porte était fermée. On a refusé de m'ouvrir. Je suis venue ici pour passer la nuit et baiser les murs de la maison de mon père, avant d'entrer dans la maison de Dieu et dans le tombeau de mon cœur. J'ai écrit par un enfant à une amie de venir me chercher demain. J'ai pris la clef. J'ai allumé la lampe devant la Madone. Je me suis mise à genoux et j'ai fait un vœu, un dernier vœu, un vœu d'espérance jusque dans le désespoir. Car tu sauras, si jamais tu aimes, qu'il reste toujours une dernière lueur de feu au fond de l'âme, même quand on croit que tout est éteint.

« Sainte protectrice, lui ai-je dit, envoyez-moi
« un signe de ma vocation pour m'assurer que
« l'amour ne me trompe pas et que je donne véri-
« tablement à Dieu une vie qui ne doit appartenir
« qu'à lui seul !

« Voici ma dernière nuit commencée parmi les

« vivants. Nul ne sait où je passe. Demain peut-être
« on viendra me chercher ici quand je n'y serai
« déjà plus. Si c'est l'amie que j'ai envoyé avertir
« qui vient la première, ce sera signe que je dois
« accomplir mon dessein, et je la suivrai pour
« jamais au monastère.

« Mais si c'était lui qui parût avant elle!... lui
« qui vînt, guidé par mon ange, me découvrir et
« m'arrêter au bord de mon autre vie!... Oh! alors,
« ce sera signe que vous ne voulez pas de moi, et
« que je dois retourner avec lui pour l'aimer le
« reste de mes jours !

« Faites que ce soit lui! ai-je ajouté. Faites ce
« miracle de plus, si c'est votre dessein et celui de
« Dieu! Pour l'obtenir, je vous fais un don, le seul
« que je puisse faire, moi qui n'ai rien. Voici mes
« cheveux, mes pauvres et longs cheveux qu'il aime
« et qu'il dénoua si souvent en riant pour les voir
« flotter au vent sur mes épaules. Prenez-les, je
« vous les donne, je vais les couper moi-même
« pour vous prouver que je ne me réserve rien, et
« que ma tête subit d'avance le ciseau qui les cou-
« perait demain en me séparant du monde. »

A ces mots, elle écarta de la main gauche le
mouchoir de soie qui lui couvrait la tête, et prenant
de l'autre le long écheveau de ses cheveux coupés,
et couché à côté d'elle sur le lit de feuilles, elle me
les montra en les déroulant. « La Madone a fait le

miracle ! reprit-elle avec une joie plus forte et avec
un accent intime de joie. Elle t'a envoyé ! j'irai où
tu voudras. Mes cheveux sont à elle; ma vie est
à toi. »

Je me précipitai sur les tresses coupées de ses
beaux cheveux noirs, qui me restèrent dans les
mains comme une branche morte détachée de l'arbre. Je les couvris de baisers muets, je les pressai
contre mon cœur, je les arrosai de larmes comme
si c'eût été une partie d'elle-même que j'ensevelis-
sais morte dans la terre. Puis, reportant les yeux
sur elle, je vis sa charmante tête qu'elle relevait
toute dépouillée, mais comme parée et embellie de
son sacrifice, resplendir de joie et d'amour au milieu des tronçons noirs et inégaux de ses cheveux
déchirés plutôt que coupés par les ciseaux. Elle
m'apparut comme la statue mutilée de la Jeunesse,
dont les mutilations mêmes du temps relèvent la
grâce et la beauté en ajoutant l'attendrissement à
l'admiration. Cette profanation d'elle-même, ce
suicide de sa beauté pour l'amour de moi, me portèrent au cœur un coup dont le retentissement
ébranla tout mon être et me précipita le front
contre terre à ses pieds. Je pressentis ce que c'était
qu'aimer, et je pris ce pressentiment pour de
l'amour !

XXI

Hélas ! ce n'était pas le complet amour, ce n'en était en moi que l'ombre ; mais j'étais trop enfant et trop naïf encore pour ne pas m'y tromper moi-même. Je crus que je l'adorais comme tant d'inno-cence, de beauté et d'amour méritaient d'être adorés d'un amant. Je le lui dis avec cet accent sincère que donne l'émotion et avec cette passion contenue que donnent la solitude, la nuit, le désespoir, les larmes. Elle le crut, parce qu'elle avait besoin de le croire pour vivre, et parce qu'elle avait assez de passion elle-même dans son âme pour couvrir l'insuffisance de mille autres cœurs.

La nuit entière se passa ainsi dans l'entretien confiant, mais naïf et pur, de deux êtres qui se dé-voilent innocemment leur tendresse, et qui vou-draient que la nuit et le silence fussent éternels, pour que rien d'étranger à eux ne vînt s'interposer entre la bouche et le cœur. Sa piété et ma réserve timide, l'attendrissement même de nos âmes, éloi-gnaient de nous tout autre danger. Le voile de nos larmes était sur nous. Il n'y a rien de si loin de la volupté que l'attendrissement. Abuser d'une pareille intimité, c'eût été profaner deux âmes.

Je tenais ses deux mains dans les miennes ; je les sentais se ranimer à la vie. J'allais lui chercher de l'eau fraîche pour boire dans le creux de ma main ou pour essuyer son front et ses joues. Je rallumais le feu en y jetant quelques branches; puis, je revenais m'asseoir sur la pierre à côté du fagot de myrte où reposait sa tête, pour entendre et pour entendre encore les confidences délicieuses de son amour : comment il était né en elle à son insu, sous les apparences d'une pure et douce amitié de sœur; comment elle s'était d'abord alarmée, puis rassurée; à quel signe elle avait enfin reconnu qu'elle m'aimait; combien de marques secrètes de préférence elle m'avait données à mon insu; quel jour elle croyait s'être trahie; quel autre elle avait cru s'apercevoir que je la payais de retour; les heures, les gestes, les sourires, les mots échappés et retenus, les révélations ou les nuages involontaires de nos visages pendant ces six mois. Sa mémoire avait tout conservé; elle lui rappelait tout, comme l'herbe des montagnes du Midi, à laquelle le vent a mis le feu pendant l'été, conserve l'empreinte de l'incendie à toutes les places où la flamme a passé.

XXII

Elle y ajoutait ces mystérieuses superstitions du sentiment qui donnent un sens et un prix aux plus insignifiantes circonstances. Elle levait, pour ainsi dire, un à un tous les voiles de son âme devant

moi. Elle se montrait comme à Dieu, dans toute
la nudité de sa candeur, de son enfance, de son
abandon. L'âme n'a qu'une fois dans la vie de ces
moments où elle se verse tout entière dans une
autre âme avec ce murmure intarissable des lèvres
qui ne peuvent suffire à son amoureux épanchement, et qui finissent par balbutier des sons inar-
ticulés et confus comme des baisers d'enfant qui
s'endort.

Je ne me lassais pas moi-même d'écouter, de
gémir et de frissonner tour à tour. Bien que mon
cœur, trop léger et trop vert encore de jeunesse,
ne fût ni assez mûr ni assez fécond pour produire
de lui-même de si brûlantes et de si divines émotions; ces émotions faisaient, en tombant dans le
mien, une impression si neuve et si délicieuse,
qu'en les sentant je croyais les éprouver. Erreur!
j'étais la glace et elle était le feu. En le reflétant, je
croyais le produire. N'importe; ce rayonnement,
répercuté de l'un à l'autre, semblait appartenir à
tous les deux et nous envelopper de l'atmosphère
du même sentiment.

XXIII

Ainsi s'écoula cette longue nuit d'hiver. Cette nuit
n'eut pour elle et pour moi que la durée du premier
soupir qui dit qu'on aime. Il nous sembla, quand le

jour parut, qu'il venait d'interrompre ce mot à peine commencé.

Le soleil était cependant déjà haut sur l'horizon quand ses rayons glissèrent entre les volets fermés et pâlirent la lueur de la lampe. Au moment où j'ouvris la porte, je vis toute la famille du pêcheur qui montait en courant l'escalier.

La jeune religieuse de Procida, amie de Graziella, à qui elle avait envoyé son message la veille et confié le dessein d'entrer le lendemain au monastère, soupçonnant quelque désespoir de cœur, avait envoyé la nuit un de ses frères à Naples pour avertir les parents de la résolution de Graziella. Informés ainsi de leur enfant retrouvée, ils arrivèrent en hâte, tout joyeux et tout repentants, pour l'arrêter sur le bord de son désespoir et la ramener libre et pardonnée avec eux.

La grand'mère se jeta à genoux près du lit en poussant de ses deux bras les deux petits enfants qu'elle avait amenés pour l'attendrir, en se couvrant de leurs corps comme d'un bouclier contre les reproches de sa petite-fille. Les enfants se jetèrent tout en cris et tout en pleurs dans les bras de leur sœur. En se levant pour les caresser et pour embrasser sa grand'mère, le mouchoir qui couvrait la tête de Graziella tomba et laissa voir sa tête dépouillée de sa chevelure. A la vue de ces outrages à sa beauté dont ils comprirent trop le sens, ils frémirent. Les sanglots éclatèrent de nouveau dans la maison. La religieuse qui venait d'entrer calma et consola tout le monde; elle ramassa les tresses coupées du front de Graziella, elle les fit toucher à l'image de la Madone en les pliant dans un mouchoir de soie blanc, et les remit dans le tablier de la grand'mère. « Gardez-les, lui dit-elle, pour les lui montrer de temps en temps, dans son bonheur ou dans ses peines, et pour lui rappeler, quand elle appartiendra à celui qu'elle aime, que les prémices de son cœur doivent appartenir toujours à Dieu, comme les prémices de sa beauté lui appartiennent dans cette chevelure. »

XXIV

Le soir, nous revînmes tous ensemble à Naples. Le zèle que j'avais montré pour retrouver et sauver Graziella dans cette circonstance avait redoublé l'affection de la vieille femme et du pêcheur pour moi. Aucun d'eux ne soupçonnait la nature de mon intérêt pour elle et de son attachement pour moi. On attribuait toute sa répugnance à la difformité de Cecco. On espérait vaincre cette répugnance par la raison et le temps. On promit à Graziella de ne plus la presser pour le mariage. Cecco lui-même supplia son père de ne plus en parler; il demandait, par son humilité, par son attitude et par ses regards, pardon à sa cousine d'avoir été l'occasion de sa peine. Le calme rentra dans la maison.

XXV

Rien ne jetait plus aucune ombre sur le visage de Graziella ni sur mon bonheur, si ce n'est la pensée que ce bonheur serait tôt ou tard interrompu par mon retour dans mon pays. Quand on venait à prononcer le nom de la France, la pauvre fille pâlissait comme si elle eût vu le fantôme de la mort. Un jour, en rentrant dans ma chambre, je trouvai tous mes habits de ville déchirés et jetés en pièces sur le plancher. « Pardonne-moi, me dit Graziella en se jetant à genoux à mes pieds et en levant vers moi son visage décomposé; c'est moi qui ai fait ce *malheur*. Oh! ne me gronde pas! Tout ce qui me rappelle que tu dois quitter un jour ces habits de marin me fait trop de mal! Il me semble que tu dépouilleras ton cœur d'aujourd'hui pour en prendre un autre quand tu mettras tes habits d'autrefois. »

Excepté ces petits orages qui n'éclataient que de la chaleur de la tendresse et qui s'apaisaient sous quelques larmes de nos yeux, trois mois s'écoulèrent ainsi dans une félicité imaginaire que la moindre réalité devait briser en nous touchant. Notre Éden était sur un nuage.

Et c'est ainsi que je connus l'amour : par une larme dans des yeux d'enfant.

XXVI

Que nous étions heureux ensemble, lorsque nous pouvions oublier complétement qu'il existait un autre monde au delà de nous, un autre monde que cette maisonnette au penchant du Pausilippe; cette terrasse au soleil, cette petite chambre où nous travaillions en jouant la moitié du jour; cette barque couchée dans son lit de sable sur la grève, et cette belle mer dont le vent humide et sonore nous apportait la fraîcheur et les mélodies des eaux !

Mais, hélas! il y avait des heures où nous nous prenions à penser que le monde ne finissait pas là, et qu'un jour se lèverait et ne nous retrouverait plus ensemble sous le même rayon de lune ou de soleil. J'ai tort de tant accuser la sécheresse de mon cœur alors en le comparant à ce qu'il a ressenti depuis. Au fond, je commençais à aimer Graziella mille fois plus que je ne me l'avouais à moi-même. Si je ne l'avais pas aimée autant, la trace qu'elle laissa pour toute ma vie dans mon âme n'aurait pas été si profonde et si douloureuse, et sa mémoire ne se serait pas incorporée à moi si délicieusement et si tristement : son image ne serait pas si présente

et si éclatante dans mon souvenir. Bien que mon
cœur fût du sable alors, cette fleur de mer s'y en-
racinait pour plus d'une saison, comme les lis mi-
raculeux de la petite plage s'enracinent sur les
grèves de l'île d'Ischia.

XXVII

Et quel œil assez privé de rayons, quel cœur
assez éteint en naissant ne l'aurait pas aimée ? Sa
beauté semblait se développer du soir au matin
avec son amour. Elle ne grandissait plus, mais elle
s'accomplissait dans toutes ses grâces ; grâces hier
d'enfant, aujourd'hui de jeune fille éclose. Ses
formes sveltes se transformaient à vue d'œil en
contours plus suaves et plus arrondis par l'adoles-
cence. Sa stature prenait de l'aplomb sans rien
perdre de son élasticité. Ses beaux pieds nus ne fou-
laient plus si légèrement le sol de la terre battue ;
elle les traînait avec cette indolence et cette langueur que semblait imprimer à tout le corps le poids
des premières pensées amoureuses de la femme.

Ses cheveux repoussaient avec la séve forte et
touffue des plantes marines sous les vagues tièdes
du printemps. Je m'amusais souvent à en mesurer
la croissance en les étirant roulés autour de mon
doigt sur la taille galonnée de sa soubreveste verte.
Sa peau se blanchissait et se colorait à la fois des

mêmes teintes dont la poudre rose du corail saupoudrait tous les jours le bout de ses doigts. Ses yeux
grandissaient et s'ouvraient de jour en jour davantage comme pour embrasser un horizon qui lui
aurait apparu tout à coup. C'était l'étonnement de
la vie, quand Galatée sent une première palpitation
sous le marbre. Elle avait involontairement avec
moi des pudeurs et des timidités d'attitude, de regards, de gestes, qu'elle n'avait jamais eues aupa-
ravant. Je m'en apercevais, et j'étais tout muet et
tout tremblant moi-même auprès d'elle. On aurait
dit que nous étions deux coupables, et nous n'étions
que deux enfants trop heureux.

Et cependant depuis quelque temps un fond de
tristesse se cachait ou se révélait sous ce bonheur.
Nous ne savions pas bien pourquoi ; mais la destinée
le savait, elle. C'était le sentiment de la brièveté
du temps qui nous restait à passer ensemble.

XXVIII

Souvent Graziella, au lieu de reprendre joyeuse-
ment son ouvrage après avoir habillé et peigné ses
petits frères, restait assise au pied du mur d'appui
de la terrasse, à l'ombre des grosses feuilles d'un
figuier qui montait d'en bas jusque sur le rebord
du mur. Elle demeurait là immobile, le regard
perdu, pendant des demi-journées entières. Quand

sa grand'mère lui demandait si elle était malade, elle répondait qu'elle n'avait aucun mal, mais qu'elle était lasse avant d'avoir travaillé. Elle n'aimait pas qu'on l'interrogeât alors. Elle détournait le visage de tout le monde, excepté de moi. Mais moi, elle me regardait longtemps sans me rien dire. Quelquefois ses lèvres remuaient comme si elle avait parlé, mais elle balbutiait des mots que personne n'entendait. On voyait de petits frissons, tantôt blancs, tantôt roses, courir sur la peau de ses joues et la rider comme la nappe d'eau dormante touchée par le premier pressentiment des vents du matin. Mais quand je m'asseyais à côté d'elle, que je lui prenais la main, que je chatouillais légèrement les longs cils de ses yeux fermés avec l'aile de ma plume ou avec l'extrémité d'une tige de romarin, alors elle oubliait tout, elle se mettait à rire et à causer comme autrefois. Seulement elle semblait triste après avoir ri et badiné avec moi.

Je lui disais quelquefois : « Graziella, qu'est-ce que tu regardes donc ainsi là-bas, là-bas, au bout de la mer, pendant des heures ? Est-ce que tu y vois quelque chose que nous n'y voyons pas, nous ?

— J'y vois la France derrière des montagnes de glace, me répondait-elle.

— Et qu'est-ce que tu vois donc de si beau en France ? ajoutais-je.

— J'y vois quelqu'un qui te ressemble, répliquait-

elle, quelqu'un qui marche, marche, marche sur
une longue route blanche qui ne finit pas. Il marche sans se retourner, toujours, toujours devant
lui, et j'attends des heures entières, espérant toujours qu'il se retournera pour revenir sur ses pas.
Mais il ne se retourne pas ! »

Et puis elle se mettait le visage dans son tablier,
et j'avais beau l'appeler des noms les plus cares-
sants, elle ne relevait plus son beau front.

Je rentrais alors bien triste moi-même dans ma
chambre. J'essayais de lire pour me distraire, mais
je voyais toujours sa figure entre mes yeux et la
page. Il me semblait que les mots prenaient une
voix et qu'ils soupiraient comme nos cœurs. Je
finissais souvent aussi par pleurer tout seul ; mais
j'avais honte de ma mélancolie, et je ne disais jamais à Graziella que j'avais pleuré. J'avais bien tort :
une larme de moi lui aurait fait tant de bien !

XXIX

Je me souviens de la scène qui lui fit le plus de
peine au cœur et dont elle ne se remit jamais complétement.

Elle s'était depuis quelque temps liée d'amitié
avec deux ou trois jeunes filles à peu près de son
âge. Ces jeunes filles habitaient une des maisonnettes dans les jardins. Elles repassaient ou rac-

commodaient les robes d'une maison d'éducation
de jeunes Françaises. Le roi Murat avait établi cette
maison à Naples pour les jeunes filles de ses mi-
nistres et de ses généraux. Ces jeunes Procitanes
causaient souvent d'en bas en faisant leur ouvrage
avec Graziella, qui les regardait par-dessus le mur
d'appui de la terrasse. Elles lui montraient les
belles dentelles, les belles soies, les beaux cha-
peaux, les beaux souliers, les rubans, les châles
qu'elles apportaient ou qu'elles remportaient pour
les jeunes élèves de ce couvent. C'étaient des cris
d'étonnement et d'admiration qui ne finissaient pas.
Quelquefois les petites ouvrières venaient prendre
Graziella pour la conduire à la messe ou aux vêpres
en musique dans la petite chapelle du Pausilippe.
J'allais au-devant d'elles quand le jour tombait et
que les tintements réitérés de la cloche m'avertis-
saient que le prêtre allait donner la bénédiction.
Nous revenions en folâtrant sur la grève de la mer,
en nous avançant sur la trace de la lame quand
elle se retirait, et en nous sauvant devant la vague
quand elle revenait avec un bourrelet d'écume sur
nos pieds. Dieu! que Graziella était jolie alors,
quand, tremblant de mouiller ses belles pantoufles
brodées de paillettes d'or, elle courait, les bras
tendus en avant vers moi, comme pour se réfugier
sur mon cœur contre le flot jaloux de la retenir ou
de lui lécher du moins les pieds!

XXX

Je voyais depuis quelque temps qu'elle me cachait je ne sais quoi de ses pensées. Elle avait des entretiens secrets avec ses jeunes amies les ouvrières. C'était comme un petit complot auquel on ne m'admettait pas.

Un soir, je lisais dans ma chambre à la lueur d'une petite lampe de terre rouge. Ma porte sur la terrasse était ouverte pour laisser entrer la brise de mer. J'entendis du bruit, de longs chuchotements de jeunes filles, des rires étouffés, puis de petites plaintes, des mots d'humeur, puis de nouveaux éclats de voix interrompus par de longs silences dans la chambre de Graziella et des enfants. Je n'y fis pas grande attention d'abord.

Cependant l'affectation même qu'on mettait à étouffer les chuchotements et l'espèce de mystère qu'ils supposaient entre les jeunes filles excitèrent ma curiosité. Je posai mon livre, je pris ma lampe de terre de la main gauche, je l'abritai de la main droite contre les bouffées du vent pour qu'elle ne s'éteignît pas. Je traversai à pas muets la terrasse, en assourdissant mes pas sur les dalles. Je collai mon oreille contre la porte de Graziella. J'entendis un bruit de pas qui allaient et venaient dans la chambre, des froissements d'étoffes qu'on pliait et qu'on dépliait, le cliquetis des dés, des aiguilles, des ciseaux de femmes qui ajustaient des rubans, qui épinglaient des fichus, et ces babillages, ces bourdonnements de fraîches voix que j'avais souvent entendus dans la maison de ma mère quand mes sœurs s'habillaient pour le bal.

Il n'y avait pas de fête au Pausilippe pour le lendemain. Graziella n'avait jamais songé à relever sa beauté par la toilette. Il n'y avait pas même un miroir dans sa chambre. Elle se regardait dans le seau d'eau du puits de la terrasse, ou plutôt elle ne se regardait que dans mes yeux.

Ma curiosité ne résista pas à ce mystère. Je poussai la porte du genou. La porte céda. Je parus, ma lampe à la main, sur le seuil.

Les jeunes ouvrières jetèrent un cri et s'échappèrent en volée d'oiseaux, se réfugiant, comme si on les avait surprises en crime, dans les coins de la chambre. Elles tenaient encore à la main des objets de conviction, l'une le fil, l'autre les ciseaux, celle-ci les fleurs, celle-là les rubans. Mais Graziella, placée au milieu de la chambre sur un petit escabeau de bois, et comme pétrifiée par mon apparition inattendue, n'avait pas pu s'échapper. Elle était rouge comme une grenade. Elle baissait les yeux, elle n'osait pas me regarder, à peine respirer. Tout le monde se taisait dans l'attente de ce que j'allais dire. Je ne disais rien moi-même; j'étais absorbé

dans la surprise et dans la contemplation muette
de ce que je voyais.

Graziella avait dépouillé ses vêtements de lourde
laine, sa soubreveste galonnée à la mode de Procida, qui s'entr'ouvre sur la poitrine pour laisser
la respiration à la jeune fille et la source de vie à
l'enfant, ses pantoufles à paillettes d'or et au talon
de bois, dans lesquelles jouaient ordinairement ses
pieds nus, les longues épingles à boules de cuivre
qui enroulaient transversalement sur le sommet de
sa tête ses cheveux noirs, comme une vergue en-
roule la voile sur la barque. Ses boucles d'oreilles,
larges comme des bracelets, étaient jetées confusément sur son lit avec ses habits du matin.

A la place de ce pittoresque costume grec qui
sied à la pauvreté comme à la richesse, qui laisse,
par la robe tombante à mi-jambes, par l'échan-
crure du corsage et par l'entaille des manches, la
liberté et la souplesse à toutes les formes du corps
de la femme, les jeunes amies de Graziella l'avaient
revêtue, à sa prière, des habits et des parures
d'une demoiselle française, à peu près de sa taille
et de son âge dans le couvent. Elle avait une robe
de soie moirée, une ceinture rose, un fichu blanc,
une coiffe ornée de fleurs artificielles, des souliers
de satin bleu, des mailles de soie qui laissaient voir
la couleur de chair sur les chevilles arrondies de
ses pieds.

Elle restait dans ce costume sous lequel je venais de la surprendre, aussi confondue que si elle eût été surprise dans sa nudité par un regard d'homme. Je la regardais moi-même sans pouvoir en détacher mes yeux, mais sans qu'un geste, une exclamation, un sourire pussent lui révéler l'impression que j'éprouvais de son travestissement. Une larme m'était montée au cœur. J'avais tout de suite et trop bien compris la pensée de la pauvre enfant. Honteuse de la différence de condition entre elle et moi, elle avait voulu éprouver si un rapprochement dans le costume rapprocherait à mes yeux nos destinées. Elle avait tenté cette épreuve à mon insu, avec l'aide de ses amies, espérant m'apparaître tout à coup ainsi plus belle et plus de mon espèce qu'elle ne croyait l'être sous les simples habits de son île et de son état. Elle s'était trop trompée. Elle commençait à s'en apercevoir à mon silence. Sa figure prenait une expression d'impatience désespérée et presque de larmes, qui me révélait son dessein caché, son crime et sa déception.

Elle était bien belle ainsi cependant. Sa pensée devait l'embellir mille fois plus à mes yeux. Mais sa beauté ressemblait presque à une torture. C'était comme une figure de ces jeunes vierges du Corrége, clouées au poteau sur le bûcher de leur martyre et se tordant dans leurs liens pour échapper

aux regards qui profanent leur pudicité. Hélas !
c'était un martyre aussi pour la pauvre Graziella ;
mais ce n'était pas, comme on eût pu le croire en
la voyant, le martyre de la vanité : c'était le martyre de son amour.

Les habillements de la jeune pensionnaire française du couvent dont on l'avait vêtue, coupés sans
doute pour la taille maigre et pour les bras et les
épaules grêles d'une enfant cloîtrée de treize à qua-
torze ans, s'étaient rencontrés trop étroits pour la
stature découplée et pour les épaules arrondies et
fortement nouées au corps de cette belle fille du
soleil et de la mer. La robe éclatait de partout, sur
les épaules, sur le sein, autour de la ceinture,
comme une écorce de sycomore qui se déchire sur
les branches de l'arbre aux fortes séves du printemps. Les jeunes couturières avaient eu beau épin-
gler çà et là la robe et le fichu, la nature avait
rompu l'étoffe à chaque mouvement. On voyait en
plusieurs endroits, à travers les déchirures de la
soie, le nu du cou ou des bras éclater sous les
reprises. La grosse toile de la chemise passait à
travers les efforts de la robe et du fichu, et con-
trastait par sa rudesse avec l'élégance de la soie.
Les bras, mal contenus par une manche étroite et
courte, sortaient comme le papillon rose de la
chrysalide qu'il fait gonfler et crever. Ses pieds,
accoutumés à être nus et à s'emboîter dans de

larges babouches grecques, tordaient le satin des souliers qui semblaient l'emprisonner dans des entraves de cordons noués comme des sandales autour de ses jambes. Ses cheveux, mal relevés et mal contenus par le réseau des dentelles et de fausses fleurs, soulevaient comme d'eux-mêmes tout cet édifice de coiffure, et donnaient au visage charmant qu'on avait voulu en vain défigurer ainsi une expression d'effronterie dans la parure et de honte modeste dans la physionomie, qui faisaient le plus étrange et le plus délicieux contraste.

Son attitude était aussi embarrassée que son visage. Elle n'osait faire un mouvement, de peur de laisser tomber les fleurs de son front ou de froisser son ajustement. Elle ne pouvait marcher, tant sa chaussure enclavait ses pieds et donnait de charmante gaucherie à ses pas. On eût dit l'Ève naïve de cette mer du soleil prise au piége de sa première coquetterie.

XXXI

Le silence dura un moment ainsi dans la chambre. A la fin, plus peiné que réjoui de cette profanation de la nature, je m'avançais vers elle en faisant des lèvres une moue un peu moqueuse et en la regardant avec une légère expression de reproche et de douce raillerie, faisant semblant de

la reconnaître avec peine sous cet attirail de toilette. « Comment ? lui dis-je, c'est toi, Graziella ?
Oh ! qui est-ce qui aurait jamais reconnu la belle
Procitane dans cette poupée de Paris ? Allons donc,
continuai-je un peu rudement, n'as-tu pas honte
de défigurer ainsi ce que Dieu a fait si charmant
sous un costume naturel ? Tu auras beau faire, va !
tu ne seras jamais qu'une fille des vagues au pied
marin et coiffée par les rayons de ton beau ciel. Il
faut t'y résigner et en remercier Dieu. Ces plumes
de l'oiseau de cage ne s'adapteront jamais bien à
l'hirondelle de mer. »

Ce mot la perça jusqu'au cœur. Elle ne comprit
pas ce qu'il y avait dans mon esprit de préférence
passionnée et d'adoration pour l'hirondelle de mer.
Elle crut que je la défiais de ressembler jamais à
une beauté de ma race et de mon pays. Elle pensa
que tous ses efforts pour se faire plus belle à cause
de moi et pour tromper mes yeux sur son humble
condition étaient perdus. Elle fondit tout à coup
en pleurs, et s'asseyant sur le lit, le visage caché
dans ses doigts, elle pria, d'un ton boudeur, ses
jeunes amies de venir la débarrasser de son odieuse
parure. « Je savais bien, dit-elle en gémissant, que
je n'étais qu'une pauvre Procitane ; mais je croyais
qu'en changeant d'habits je ne te ferais pas tant
de honte un jour, si je te suivais dans ton pays. Je
vois bien qu'il faut rester ce que je suis et mourir

où je suis née. Mais tu n'aurais pas dû me le reprocher. »

A ces mots, elle arracha avec dépit les fleurs, le bonnet, le fichu, et, les jetant d'un geste de colère loin d'elle, elle les foula aux pieds en leur adressant des paroles de reproche, comme sa grand'mère avait fait aux planches de la barque après le naufrage. Puis, se précipitant vers moi, elle souffla la lampe dans ma main pour que je ne la visse pas plus longtemps dans le costume qui m'avait déplu.

Je sentis que j'avais eu tort de badiner trop rudement avec elle, et que le badinage était sérieux. Je lui demandai pardon. Je lui dis que je ne l'avais grondée ainsi que parce que je la trouvais mille fois plus ravissante en Procitane qu'en Française. C'était vrai; mais le coup était porté. Elle ne m'écoutait plus; elle sanglotait.

Ses amies la déshabillèrent : je ne la revis plus que le lendemain. Elle avait repris ses habits d'insulaire; mais ses yeux étaient rouges des larmes que ce badinage lui avait coûté toute la nuit.

XXXII

Vers le même temps, elle commença à se défier des lettres que je recevais de France, soupçonnant bien que ces lettres me rappelaient. Elle n'osait pas me les dérober, tant elle était probe et incapable de tromper, même pour sa vie, mais elle les retenait quelquefois neuf jours, et les attachait avec une de ses épingles dorées derrière l'image en papier de la Madone suspendue au mur, à côté de son lit. Elle pensait que la sainte Vierge, attendrie par beaucoup de neuvaines en faveur de notre amour, changerait miraculeusement le contenu des lettres, et transformerait les ordres de retour en invitation à rester près d'elle. Aucune de ces pieuses petites fraudes ne m'échappait, et toutes me la rendaient plus chère. Mais l'heure approchait.

XXXIII

Un soir des derniers jours du mois de mai, on frappa violemment à la porte. Toute la famille dormait. J'allai ouvrir. C'était mon ami V... « Je viens te chercher, me dit-il. Voici une lettre de ta mère. Tu n'y résisteras pas. Les chevaux sont commandés pour minuit. Il est onze heures. Partons, ou tu ne partiras jamais. Ta mère en mourra. Tu sais combien ta famille la rend responsable de toutes tes fautes. Elle s'est tant sacrifiée pour toi ; sacrifie-toi un moment pour elle. Je te jure que je reviendrai avec toi passer l'hiver et toute une autre longue année ici. Mais il faut faire acte de présence dans ta famille et d'obéissance aux ordres de ta mère. »

Je sentis que j'étais perdu.

« Attends-moi là, » lui dis-je.

Je rentrai dans ma chambre, je jetai à la hâte mes vêtements dans ma valise. J'écrivis à Graziella; je lui dis tout ce que la tendresse pouvait exprimer d'un cœur de dix-huit ans et tout ce que la raison pouvait commander à un fils dévoué à sa mère. Je lui jurai, comme je me le jurais à moi-même, qu'avant que le quatrième mois fût écoulé je serais auprès d'elle et que je ne la quitterais presque plus. Je confiai l'incertitude de notre destinée future à la Providence et à l'amour. Je lui laissai ma bourse pour aider ses vieux parents pendant mon absence. La lettre fermée, je m'approchai à pas muets. Je me mis à genoux sur le seuil de la porte de sa chambre. Je baisai la pierre et le bois; je glissai le billet dans la chambre par-dessous la porte. Je dévorai le sanglot intérieur qui m'étouffait.

Mon ami me passa la main sous le bras, me releva et m'entraîna. A ce moment, Graziella, que ce bruit inusité avait alarmée sans doute, ouvrit la porte. La lune éclairait la terrasse. La pauvre enfant reconnut mon ami. Elle vit ma valise qu'un domestique emportait sur ses épaules. Elle tendit les bras, jeta un cri de terreur et tomba inanimée sur la terrasse.

Nous nous élançâmes vers elle. Nous la reportâmes sans connaissance sur son lit. Toute la fa-

mille accourut. On lui jeta de l'eau sur le visage.
On l'appela de toutes les voix qui lui étaient les
plus chères. Elle ne revint au sentiment qu'à ma
voix. « Tu le vois, me dit mon ami, elle vit; le
coup est porté. De plus longs adieux ne seraient
que des contre-coups plus terribles. » Il décolla les
deux bras glacés de la jeune fille de mon cou et
m'arracha de la maison. Une heure après, nous
roulions dans le silence et dans la nuit sur la route
de Rome.

XXXIV

J'avais laissé plusieurs adresses à Graziella dans
la lettre que je lui avais écrite. Je trouvai une première lettre d'elle à Milan. Elle me disait qu'elle
était bien de corps, mais malade de cœur; que
cependant elle se confiait à ma parole et m'atten-
drait avec sécurité vers le mois de novembre.

Arrivé à Lyon, j'en trouvai une seconde plus
sereine encore et plus confiante. La lettre contenait quelques feuilles de l'œillet rouge qui croissait
dans un vase de terre sur le petit mur d'appui de
la terrasse, tout près de ma chambre, et dont elle
plaçait une fleur dans ses cheveux le dimanche.
Était-ce pour m'envoyer quelque chose qui l'eût
touchée? Était-ce un tendre reproche déguisé sous
un symbole, et pour me rappeler qu'elle avait sa-
crifié ses cheveux pour moi?

Elle me disait qu'elle avait eu la fièvre ; que le cœur lui faisait mal, mais qu'elle allait mieux de jour en jour ; qu'on l'avait envoyée, pour changer d'air et pour se remettre tout à fait, chez une de ses cousines, sœur de Cecco, dans une maison du Vomero, colline élevée et saine qui domine Naples.

Je restai ensuite plus de trois mois sans recevoir aucune lettre. Je pensais tous les jours à Graziella. Je devais repartir pour l'Italie au commencement du prochain hiver. Son image, triste et charmante, m'y apparaissait comme un regret, et quelquefois aussi comme un tendre reproche. J'étais à cet âge ingrat où la légèreté et l'imitation font une mauvaise honte au jeune homme de ses meilleurs sentiments ; âge cruel où les plus beaux dons de Dieu, l'amour pur, les affections naïves, tombent sur le sable et sont emportés en fleur par le vent du monde. Cette vanité mauvaise et ironique de mes amis combattait souvent en moi la tendresse cachée et vivante au fond de mon cœur. Je n'aurais pas osé avouer sans rougir et sans m'exposer aux railleries quels étaient le nom et la condition de l'objet de mes regrets et de mes tristesses. Graziella n'était pas oubliée, mais elle était voilée dans ma vie. Cet amour, qui enchantait mon cœur, humiliait mon respect humain. Son souvenir, que je nourrissais seulement en moi dans la solitude, dans le monde me poursuivait presque comme un remords. Combien je rougis aujourd'hui d'avoir rougi alors! et qu'un seul des rayons de joie ou une des gouttes de larmes de ses chastes yeux valait plus que tous ces regards, toutes ces agaceries et tous ces sourires auxquels j'étais prêt à sacrifier son image! Ah! l'homme trop jeune est incapable d'aimer! Il ne sait le prix de rien! il ne connaît le vrai bonheur qu'après l'avoir perdu! Il y a plus de séve folle et d'ombre flottante dans les jeunes plants de la forêt; il y a plus de feu dans le vieux cœur du chêne.

L'amour vrai est le fruit mûr de la vie. A dix-huit ans on ne le connaît pas, on l'imagine. Dans la nature végétale, quand le fruit vient, les feuilles tombent; il en est peut-être ainsi dans la nature humaine. Je l'ai souvent pensé depuis que j'ai compté des cheveux blanchissants sur ma tête. Je me suis reproché de n'avoir pas connu alors le prix de cette fleur d'amour. Je n'étais que vanité. La vanité est le plus sot et le plus cruel des vices, car elle fait rougir du bonheur!...

XXXV

Un soir des premiers jours de novembre, on me remit, au retour d'un bal, un billet et un paquet qu'un voyageur venant de Naples avait apportés

pour moi de la poste en changeant de chevaux à
Mâcon. Le voyageur inconnu me disait que, chargé
pour moi d'un message important par un de ses
amis, directeur d'une fabrique de corail à Naples, il
s'acquittait en passant de sa commission ; mais que
les nouvelles qu'il m'apportait étant tristes et funè-
bres, il ne demandait pas à me voir ; il me priait seulement de lui accuser réception du paquet à Paris.

J'ouvris en tremblant le paquet. Il renfermait,
sous la première enveloppe, une dernière lettre
de Graziella, qui ne contenait que ces mots : « Le
docteur dit que je mourrai avant trois jours. Je
veux te dire adieu avant de perdre mes forces. Oh!
si tu étais là, je vivrais ! Mais c'est la volonté de
Dieu. Je te parlerai bientôt et toujours du haut du
ciel. Aime mon âme ! Elle sera avec toi toute ta
vie. Je te laisse mes cheveux, coupés une nuit
pour toi. Consacre-les à Dieu dans une chapelle
de ton pays, pour que quelque chose de moi soit
auprès de toi ! »

XXXVI

Je restai anéanti, sa lettre dans les mains, jusqu'au jour. Ce n'est qu'alors que j'eus la force
d'ouvrir la seconde enveloppe. Toute sa belle chevelure y était, telle que la nuit elle me l'avait
montrée dans la cabane. Elle était encore mêlée
avec quelques-unes des feuilles de bruyère qui s'y

étaient attachées cette nuit-là. Je fis ce qu'elle avait ordonné dans son dernier vœu. Une ombre de sa mort se répandit dès ce jour-là sur mon visage et sur ma jeunesse.

Douze ans plus tard je revins à Naples. Je cherchai ses traces. Il n'y en avait plus ni à la Margellina ni à Procida. La petite maison sur la falaise de l'île était tombée en ruine. Elle n'offrait plus qu'un monceau de pierres grises au-dessus d'un cellier où les chevriers abritaient leurs chèvres pendant les pluies. Le temps efface vite sur la terre, mais il n'efface jamais les traces d'un premier amour dans le cœur qu'il a traversé.

Pauvre Graziella! Bien des jours ont passé depuis ces jours. J'ai aimé, j'ai été aimé. D'autres rayons de beauté et de tendresse ont illuminé ma sombre route. D'autres âmes se sont ouvertes à moi pour me révéler dans des cœurs de femmes les plus mystérieux trésors de beauté, de sainteté, de pureté, que Dieu ait animés sur cette terre, afin de nous faire comprendre, pressentir et désirer le ciel. Mais rien n'a terni ta première apparition dans mon cœur. Plus j'ai vécu, plus je me suis rapproché de toi par la pensée. Ton souvenir est comme ces feux de la barque de ton père, que la distance dégage de toute fumée, et qui brillent d'autant plus qu'ils s'éloignent davantage de nous. Je ne sais pas où dort ta dépouille mortelle, ni si, quelqu'un te pleure encore dans ton pays; mais ton véritable sépulcre est dans mon âme. C'est là que tu es recueillie et ensevelie tout entière. Ton nom ne me frappe jamais en vain. J'aime la langue où il est prononcé. Il y a toujours au fond de mon cœur une larme qui filtre goutte à goutte, et qui tombe en secret sur ta mémoire pour la rafraîchir et pour l'embaumer en moi.   (1829)

XXXVII

Un jour de l'année 1830, étant entré dans une église de Paris, le soir, j'y vis apporter le cercueil, couvert d'un drap blanc, d'une jeune fille. Ce cercueil me rappela Graziella. Je me cachai sous l'ombre d'un pilier. Je songeai à Procida, et je pleurai longtemps.

Mes larmes séchèrent; mais les nuages qui avaient traversé ma pensée pendant cette tristesse d'une sépulture ne s'évanouirent pas. Je rentrai silencieux dans ma chambre. Je déroulai les souvenirs qui sont retracés dans cette longue note, et j'écrivis d'une seule haleine et en pleurant les vers intitulés le *Premier regret*. C'est la note, affaiblie par vingt ans de distance, d'un sentiment qui fit jaillir la première source de mon cœur; mais on y sent encore l'émotion d'une fibre intime qui a été blessée et qui ne se guérira jamais bien.

Voici ces strophes, baume d'une blessure, rosée
d'un cœur, parfum d'une fleur sépulcrale. Il n'y
manquait que le nom de Graziella. Je l'y enca-
drerais dans une strophe, s'il y avait ici-bas un
cristal assez pur pour renfermer cette larme, ce
souvenir, ce nom !

LE PREMIER REGRET.

Sur la plage sonore où la mer de Sorrente
Déroule ses flots bleus au pied de l'oranger,
Il est, près du sentier, sous la haie odorante,
Une pierre petite, étroite, indifférente
    Aux pieds distraits de l'étranger.

La giroflée y cache un seul nom sous ses gerbes,
Un nom que nul écho n'a jamais répété !
Quelquefois cependant le passant arrêté,
Lisant l'âge et la date en écartant les herbes,
Et sentant dans ses yeux quelques larmes courir,
Dit : « Elle avait seize ans ! c'est bientôt pour mourir ! »

Mais pourquoi m'entraîner vers ces scènes passées ?
Laissons le vent gémir et le flot murmurer ;
Revenez, revenez, ô mes tristes pensées !
    Je veux rêver, et non pleurer.

Dit : « Elle avait seize ans ! » Oui, seize ans ! et cet âge
N'avait jamais brillé sur un front plus charmant !
Et jamais tout l'éclat de ce brûlant rivage
Ne s'était réfléchi dans un œil plus aimant !
Moi seul je la revois, telle que la pensée,
Dans l'âme où rien ne meurt, vivante l'a laissée ;
Vivante ! comme à l'heure où, les yeux sur les miens,
Prolongeant sur la mer nos premiers entretiens,

Ses cheveux noirs livrés au vent qui les dénoue,
Et l'ombre de la voile errante sur sa joue,
Elle écoutait le chant du nocturne pêcheur,
De la brise embaumée aspirait la fraîcheur,
Me montrait dans le ciel la lune épanouie,
Comme une fleur des nuits dont l'aube est réjouie,
Et l'écume argentée, et me disait : « Pourquoi
Tout brille-t-il ainsi dans les airs et dans moi?
Jamais ces champs d'azur semés de tant de flammes,
Jamais ces sables d'or où vont mourir les lames,
Ces monts dont les sommets tremblent au fond des cieux,
Ces golfes couronnés de bois silencieux,
Ces lueurs sur la côte et ces chants sur les vagues,
N'avaient ému mes sens de voluptés si vagues !
Pourquoi, comme ce soir, n'ai-je jamais rêvé?
Un astre dans mon cœur s'est-il aussi levé?
Et toi, fils du matin, dis, à ces nuits si belles
Les nuits de ton pays sans moi ressemblaient-elles? »
Puis, regardant sa mère assise auprès de nous,
Posait pour s'endormir son front sur ses genoux.

Mais pourquoi m'entraîner vers ces scènes passées?
Laissons le vent gémir et le flot murmurer;
Revenez, revenez, ô mes tristes pensées!
    Je veux rêver, et non pleurer.

Que son œil était pur et sa lèvre candide!
Que son ciel inondait son âme de clarté!
Le beau lac de Némi, qu'aucun souffle ne ride,
A moins de transparence et de limpidité!
Dans cette âme, avant elle, on voyait ses pensées;
Ses paupières jamais, sur ses beaux yeux baissées,
Ne voilaient son regard d'innocence rempli;
Nul souci sur son front n'avait laissé son pli;
Tout folâtrait en elle; et ce jeune sourire,

Qui plus tard sur la bouche avec tristesse expire,
Sur sa lèvre entr'ouverte était toujours flottant,
Comme un pur arc-en-ciel sur un jour éclatant !
Nulle ombre ne voilait ce ravissant visage ;
Ce rayon n'avait pas traversé de nuage !
Son pas insouciant, indécis, balancé,
Flottait comme un flot libre où le jour est bercé,
Ou courait pour courir ; et sa voix argentine,
Écho limpide et pur de son âme enfantine,
Musique de cette âme où tout semblait chanter,
Égayait jusqu'à l'air qui l'entendait monter !

Mais pourquoi m'entraîner vers ces scènes passées ?
Laissons le vent gémir et le flot murmurer ;
Revenez, revenez, ô mes tristes pensées !
    Je veux rêver, et non pleurer.

Mon image en son cœur se grava la première,
Comme dans l'œil qui s'ouvre, au matin, la lumière.
Elle ne regarda plus rien après ce jour ;
De l'heure qu'elle aima, l'univers fut amour !
Elle me confondait avec sa propre vie,
Voyait tout dans son âme, et je faisais partie
De ce monde enchanté qui flottait sous ses yeux,
Du bonheur de la terre et de l'espoir des cieux.
Elle ne pensait plus au temps, à la distance ;
L'heure seule absorbait toute son existence ;
Avant moi, cette vie était sans souvenir,
Un soir de ces beaux jours était tout l'avenir !
Elle se confiait à la douce nature
Qui souriait sur nous, à la prière pure
Qu'elle allait, le cœur plein de joie et non de pleurs,
A l'autel qu'elle aimait, répandre avec ses fleurs :
Et sa main m'entraînait aux marches de son temple,
Et, comme un humble enfant, je suivais son exemple,

Et sa voix me disait tout bas : « Prie avec moi !
Car je ne comprends pas le ciel même sans toi ! »

Mais pourquoi m'entraîner vers ces scènes passées?
Laissons le vent gémir et le flot murmurer;
Revenez, revenez, ô mes tristes pensées!
　　　Je veux rêver, et non pleurer.

Voyez dans son bassin l'eau d'une source vive
S'arrondir comme un lac sous son étroite rive,
Bleue et claire à l'abri du vent qui va courir,
Et du rayon brûlant qui pourrait la tarir !
Un cygne blanc nageant sur la nappe limpide,
En y plongeant son cou qu'enveloppe la ride,
Orne sans le ternir le liquide miroir,
Et s'y berce au milieu des étoiles du soir;
Mais si, prenant son vol vers des sources nouvelles,
Il bat le flot tremblant de ses humides ailes,
Le ciel s'efface au sein de l'onde qui brunit,
La plume à grands flocons y tombe et la ternit,
Comme si le vautour, ennemi de sa race,
De sa mort sur les flots avait semé la trace :
Et l'azur éclatant de ce lac enchanté
N'est plus qu'une onde obscure où le sable a monté!

Ainsi, quand je partis, tout trembla dans cette âme,
Le rayon s'éteignit, et sa mourante flamme
Remonta dans le ciel pour·n'en plus revenir;
Elle n'attendait pas un second avenir;
Elle ne languit pas de doute en espérance,
Et ne disputa pas sa vie à la souffrance;
Elle but d'un seul trait le vase de douleur;
Dans sa première larme elle noya son cœur!
Et, semblable à l'oiseau moins pur et moins beau qu'elle,
Qui le soir, pour dormir, met le cou sous son aile,

Elle s'enveloppa d'un muet désespoir,
Et s'endormit aussi, mais bien avant le soir!

Mais pourquoi m'entraîner vers ces scènes passées?
Laissons le vent gémir et le flot murmurer;
Revenez, revenez, ô mes tristes pensées!
    Je veux rêver, et non pleurer.

Elle a dormi quinze ans dans sa couche d'argile,
Et rien ne pleure plus sur son dernier asile;
Et le rapide oubli, second linceul des morts,
A couvert le sentier qui menait vers ces bords;
Nul ne visite plus cette pierre effacée,
Nul n'y songe et n'y prie!... excepté ma pensée,
Quand, remontant le flot de mes jours révolus,
Je demande à mon cœur tous ceux qui n'y sont plus,
Et que, les yeux flottants sur de chères empreintes,
Je pleure dans mon ciel tant d'étoiles éteintes!
Elle fut la première, et sa douce lueur
D'un jour pieux et tendre éclaire encor mon cœur!

Mais pourquoi m'entraîner vers ces scènes passées?
Laissons le vent gémir et le flot murmurer;
Revenez, revenez, ô mes tristes pensées!
    Je veux rêver, et non pleurer.

Un arbuste épineux, à la pâle verdure,
Est le seul monument que lui fit la nature;
Battu des vents de mer, du soleil calciné,
Comme un regret funèbre au cœur enraciné,
Il vit dans le rocher sans lui donner d'ombrage;
La poudre du chemin y blanchit son feuillage.
Il rampe près de terre, où ses rameaux penchés
Par la dent des chevreaux sont toujours retranchés;
Une fleur, au printemps, comme un flocon de neige,

Y flotte un jour ou deux ; mais le vent qui l'assiége
L'effeuille avant qu'elle ait répandu son odeur,
Comme la vie avant qu'elle ait charmé le cœur !
Un oiseau de tendresse et de mélancolie
S'y pose pour chanter sur le rameau qui plie !
Oh ! dis, fleur que la vie a fait sitôt flétrir,
N'est-il pas une terre où tout doit refleurir ?

Remontez, remontez à ces heures passées,
Vos tristes souvenirs m'aident à soupirer !
Allez où va mon âme, allez, ô mes pensées :
    Mon cœur est plein, je veux pleurer.

C'est ainsi que j'expiai par ces larmes écrites la dureté et l'ingratitude de mon cœur de dix-huit ans. Je ne puis jamais relire ces vers sans adorer cette fraîche image que rouleront éternellement pour moi les vagues transparentes et plaintives du golfe de Naples... et sans me haïr moi-même ! Mais les âmes pardonnent là-haut. La sienne m'a pardonné. Pardonnez-moi aussi, vous !!! J'ai pleuré.

FIN.

Librairie de L. HACHETTE & Cie, boulevard Saint-Germain.

BIBLIOTHÈQUE VARIÉE, FORMAT IN-18 JÉSU

Volumes à 3 francs 50 centimes.

About (Edm.). La Grèce contemporaine. 1 vol. — Nos Artistes au salon de 1857. 1 vol. — Théâtre impossible. 1 vol.

Anonyme. L'enfant, par M***. 1 vol.

Aristophane. OEuvres complètes, trad. de M. Poyard. 1 vol.

Balzac (H. de). Théâtre. 1 vol.

Barrau. Histoire de la Révolution française. 1 vol.

Bautain (l'abbé). La belle saison à la campagne. 1 vol. — La chrétienne de nos jours. 2 vol. — Le chrétien de nos jours. 2 vol.

Bayard. Théâtre. 12 vol.

Belloy (de). Le chevalier d'Aï. 1 vol. — Légendes fleuries. 1 vol.

Busquet. Poème des heures. 1 vol.

Byron. OEuvres complètes, trad. de Laroche. 4 vol.

Caro (E.). Études morales. 1 vol.

Castellane (de). Souvenir de la vie militaire. 1 vol.

Champfleury. Contes d'été. 1 vol.

Charpentier. Les écrivains latins de l'empire. 1 vol.

Dante. La Divine comédie, trad. par Fiorentino. 1 vol.

Dargaud (J.). Histoire de Marie Stuart. 1 vol. — Voyage aux Alpes. 1 vol.

Daumas (général E.). Mœurs et coutumes de l'Algérie. 1 vol.

Deville (L.). Excursions dans l'Inde. 1 vol.

Didier (Charles). Les amours d'Italie. 1 vol. — Les nuits du Caire. 1 vol.

Énault (L.). La Terre sainte. 1 vol. — Constantinople et la Turquie. 1 vol. — La Norvège. 1 vol.

Ferry (Gabr.). Le coureur des bois. 2 vol. — Costal l'Indien. 1 vol.

Figuier (Louis). L'alchimie et les alchimistes. 1 vol. — Histoire du merveilleux. 4 vol. — Les applications nouvelles de la science. 1 vol. — L'année scientifique, 6 années (1856-1861). 6 vol.

Forgues. La révolte des Cipayes. 1 vol.

Gautier (Th.). Un trio de romans. 1 vol.

Gérardy-Saintine (P.). Trois ans en Judée. 1 vol.

Giguet (P.). Le livre de Job. 1 vol.

Gotthelf (J.). Nouvelles bernoises. 1 vol.

Hérodote. OEuvres complètes. 1 vol.

Heuzé. L'année agricole, 3 années (1860-1862). 3 vol.

Homère. L'Iliade et l'Odyssée, trad. de Giguet. 1 vol.

Hommaire de Hell (Mme). Les steppes de la mer Caspienne. 1 vol.

Houssaye (A.). Poésies complètes. 1 vol. — Philosophes et comédiennes. 1 vol. — Le violon de Franjolé. 1 vol. — Histoire du quarante et unième fauteuil. 1 vol. — Voyages humoristiques. 1 vol. — Les filles d'Ève. 1 vol.

Hugo (Victor). Notre-Dame de Paris. 2 vol. — Odes et ballades. 1 vol. — Légendes des siècles. 1 vol. — Orientales, Feuilles d'automne, Chant du crépuscule. 1 vol. — Théâtre. 3 vol. — Les Contemplations. 2 vol. — Les Enfants. 1 vol.

Jouffroy. Cours de droit naturel. 2 vol. — Mélanges philosophiques. 2 vol.

Jourdan (L.). Contes industriels. 1 vol.

Jurien de La Gravière (l'amiral). Souvenirs d'un amiral. 2 vol.

La Landelle (G. de). Le tableau de la mer (la Vie navale). 1 vol.

Lamartine (A. de). Méditations poétiques. 2 vol. — Harmonies poétiques. 1 vol. — Recueillements poétiques. 1 vol. — Jocelyn. 1 vol. — La chute d'un ange. 1 vol. — Voyage en Orient. 2 vol. — Histoire des Girondins. 6 vol. — Histoire de la Restauration. 8 vol.

Lanoye (F. de). Le Niger. 1 vol. — L'Inde contemporaine. 1 vol.

Langel. Études scientifiques. 1 vol.

La Vallée (J.). Zurga le chasseur. 1 vol.

Lecoq (H.). La Vie des fleurs. 1 vol.

Lenient (C.). La satire en France. 1 vol.

Libert. Histoire de la chevalerie en France. 1 vol.

Lucien. OEuvres complètes, trad. de M. Talbot. 2 vol.

Lutfullah. Mémoires d'un gentilhomme mahométan. 1 vol.

Macaulay (lord). OEuvres diverses, trad. de l'anglais. 2 vol.

Marmier. En Amérique et en Europe. 1 vol. — Gazida. 1 vol. — Un été au bord de la Baltique. 1 vol. — Les Fiancés du Spitzberg. 1 vol. — Lettres sur le Nord. 1 vol.

Mas (Sinibaldo de). La Chine et les puissances chrétiennes. 2 vol.

Michelet. L'amour. 1 vol. — La femme. 1 vol. — La mer. 1 vol. — L'insecte. 1 vol. — L'oiseau. 1 vol.

Milne. La vie réelle en Chine. 1 vol.

Moges (le marquis de). Souvenirs d'une ambassade en Chine et au Japon. 1 vol.

Monnier (Marc). L'Italie est-elle la terre des morts? 1 vol.

Montaigne. Essais. 1 vol.

Mornand. La vie des eaux. 1 vol.

Mortemart-Boisse (baron de). La vie élégante à Paris. 1 vol.

Nodier (Ch.). Histoire du roi de Bohème. 1 vol.

Nourrisson. Les Pères de l'Église latine. 1 vol.

Orsay (comtesse d'). L'ombre du bonheur. 1 vol.

Ossian. Poèmes gaéliques. 1 vol.

Patin. Études sur les tragiques grecs. 4 vol.

Perrens (F. T.). Jérôme Savonarole. 1 vol. — Deux ans de révolution en Italie. 1 vol.

Pfeiffer (Mme Ida). Voyage d'une femme autour du monde. 1 vol. — Mon second voyage autour du monde. 1 vol. — Voyage à Madagascar. 1 vol.

Rougebief. Un fleuron de la France. 1 vol.

Saintine (X.-B.). Picciola. 1 vol. — Seul! 1 vol. — Le chemin des écoliers. 1 vol.

Sand (George). L'homme de neige. 2 vol. — Elle et lui. 1 vol. — Jean de La Roche. 1 vol.

Scudo. Critique et littérature musicales. 2 vol. — Le Chevalier Sarti, roman musical. 1 vol. — L'année musicale, 3 années (1859-1861). 3 vol.

Sénèque. OEuvres complètes, trad. de J. Baillard. 2 vol.

Simon (Jules). Le devoir. 1 vol. — La religion naturelle. 1 vol. — La liberté. 2 vol. — La liberté de conscience. 1 vol. — L'ouvrière. 1 vol.

Tacite. OEuvres complètes, trad. de Burnouf. 1 vol.

Taine (H.). Voyage aux Pyrénées. 1 vol. — Essai sur Tite-Live. 1 vol. — Essai de critique et d'histoire. 1 vol. — La Fontaine et ses fables. 1 vol. — Les philosophes français du xixe siècle. 1 vol.

Texier (Ed.). La chronique de la guerre d'Italie. 1 vol.

Théry. Conseils aux mères. 2 vol.

Töpffer (Rod.). Le presbytère. 1 vol. — Nouvelles genevoises. 1 vol. — Rosa et Gertrude. 1 vol. — Réflexions et menus propos. 1 vol.

Troplong. Influence du christianisme. 1 vol.

Ulliac-Trémadeure (Mlle). La maîtresse de maison. 1 vol.

Vapereau (Gust.). L'année littéraire, 4 années (1858-1861). 4 vol.

Viardot (L.). Les musées d'Allemagne. 1 vol. — Les musées d'Angleterre, de Belgique, etc. 1 vol. — Les musées d'Espagne. 1 vol. — Les musées de France. 1 vol. — Les musées d'Italie. 1 vol.

Viennet. Épîtres et satires. 1 vol.

Wey (Francis). Dick Moon en France. 1 vol.

Warren (le comte de). L'Inde anglaise. 2 vol.

Xénophon. OEuvres complètes, trad. de M. Talbot. 2 vol.

Zeller. Épisodes dramat. de l'hist. d'Italie. 1 vol. — L'année historique, 3 années (1859-1861). 3 vol.

PARIS. TYPOGRAPHIE DE HENRI PLON, IMPRIMEUR DE L'EMPEREUR, RUE GARANCIÈRE, 8.

www.ingramcontent.com/pod-product-compliance
Lightning Source LLC
Chambersburg PA
CBHW070410090426
42733CB00009B/1612